三井物産戦略研究所 編

アジアをみる眼

三井物産戦略研が
読み解く経済の行方

『アジアをみる眼』

三井物産戦略研が読み解く経済の行方

はしがきに代えて

この本の活用法

▼キーワードは「中間層」

アジアが世界経済をけん引しています。そのアジアを読み解くためのキーワードは「アジア中間層」です。

2008年のリーマン・ショックに始まった世界金融危機は、ギリシャ、アイルランド、スペイン、ポルトガル、イタリアに連鎖して欧米経済を揺るがし、国家経済を極めて不安定なものにしています。一方、日本は少子・高齢化に東日本大震災の打撃、円高も重なって、国際競争力を弱め、国内企業はあらためて海外進出の動きを加速していきます。ここでみられる変化は、従来の輸出型企業だけでなく、内需型企業も海外進出を始めたことです。

揺らぐ世界の中で、ひとり元気なのが、アジアです。その中核には、「アジア中間層」の存在、急速な拡大の動きがあります。中国、インド、韓国、ベトナム…2020

年には20億人にも達すると予測される「中間層」が、安い労働力を生産部門に提供、その一方では暮らしに豊かさを求める消費の動きとなって、生産・消費の両面から世界経済を支える構図が浮かび上がっています。

為替や国債相場を揺り動かす金融市場とはひと味違って、家電や自動車などの耐久消費財、塾や医療などサービスにも広がる「実需」先行の動きであることが、けん引の力強さにもなっているのです。

この本は、「中間層の爆発」に焦点を当てて、世界経済を左右するアジア経済の全体を理解する「軸」情報を読者に提供する目的で編集しました。アジアに関わる活動をしているビジネスマン、これから就職活動をする学生の皆さんに、世界経済を理解し、アジア認識の不可欠な視点を提供しています。

▼2つの「必読」――ぜんぶは読まない

「経済の本は難しい」とよくいわれます。専門用語と数字が多くなると、読む気持ちが薄れてしまい敬遠されがちです。この本では、読者は、すべてを読む必要はありません。ポイントを絞って基本を把握し、あとは必要に応じて本を開けばいいように、2つの「必読」を用意しました。

まず「必ず読んでください」という意味での「必読」です。
もうひとつは、「必要なときにそこを開いて深く知ればいい」という「必要読」の意味での「必読」です。

必ず読んでいただきたいのは第1章、2章、3章です。それ以外の章は、そのテーマを深く知りたいときに読む「必要読」です。そのために各章の冒頭には見開きで、簡潔なポイントページを設けました。このポイントだけをざっと眺めておき、必要になったら、その部分を踏み込んで読んでいただければ、アジア経済を読み解いていける仕組みになっています。

▼商社ダイナミズム

この本を執筆した三井物産戦略研究所についても、触れておきます。
三井物産戦略研究所は、アジアを含む5カ国に駐在員を置き、三井物産に調査、分析結果を提供してきました。国際社会で激しい競争を展開する商社の後方支援部門であり、外部に研究成果を販売する活動はしてきませんでした。

内容は、三井物産がシンガポールにアジア・大洋州本部を設立し、アジア広域経営を開始する際に、情報分析・提起したレポートをベースに、最近の動きを加味して作成しました。

商社の経済活動を支援する役割ですから、その研究は経済にとどまらず政治や社会などさまざまな分野におよび、しかも実践的です。

読者には、商社活動を貫くダイナミズムをぜひ読み取っていただき、アジアへの理解が深まることを祈っております。

『アジアをみる眼』

三井物産戦略研が読み解く経済の行方

CONTENTS

第5章 巨象、インド ―― 100

第6章

第9章 アジアの少子・高齢化 —— 188

1 世界の成長センター・アジアをみる眼

2 「貧困層」が「中間層」へ。収入増の背景

3 急増する中間層がもたらす世界最大の消費マーケット

１００年に一度の経済危機をもたらしたリーマン・ショックから早３年半。
各国の思い切った経済政策によって、
一度は緩やかながらも力強い回復に向かっていた世界経済が、
今、再び危機的状況に陥っている。
米国では財務状況と将来の不安から、米国債の格付けが引き下げられた。
ＥＵではギリシャに始まった債務危機が、
スペインやイタリアにまで広がっている。
英国では増税と格差拡大と就職難で、若者たちが大規模な暴動を起こした。
日本は東日本大震災を主な事由に経済が混乱し、政治も不安定、
依然としてデフレ経済から抜ける気配がない。円高の影響も深刻だ。

一方、アジアが気を吐いている。
中国の経済成長率10.3%を筆頭に
2010年は、インド、タイ、マレーシア、フィリピンも
軒並み７％を超えている。
経済の発展に伴い、「貧困層」が「中間層」へとシフト中だ。
日本の不況や欧州ソブリン危機をチャンスととらえ、
Ｍ＆Ａに乗り出すアジアの企業もある。
その成長の恩恵にあずかろうと、
先進各国はアジアに群がるように進出している。
まさにアジア頼みの世界経済の実態をみてみよう。

第1章
世界の成長センター・アジアをみる眼

今、ギリシャなどの財政破たん懸念から欧州各国が発行するソブリン債（国債）の信用問題（欧州ソブリン危機）や、米国債の格付け引き下げ、日本の東日本大震災と原発問題、タイの洪水問題など、問題が過去に類をみないほど立て続けに発生し、世界経済を揺るがす事態となっています。

もはや８カ国での主要国首脳会議（Ｇ８）では問題を解決できないとして、参加国を20カ国に増やした第１回地域首脳会合（Ｇ20）が２００８年11月に米国で開催されました。この会議にはアジア・中東からも、中国、韓国、インド、インドネシア、サウジアラビアの各国が参加し、アジアの発言権や影響力が飛躍的に増大しました。

先進各国は次々に「世界の成長センター」と呼ばれるアジアへ進出し、主導権を握ろうと火花を散らしています。その代表格は米国が主導するＴＰＰ（環太平洋戦略的経済連携協定）です。

また日本企業も、自動車や精密機器といった製造業だけでなく、味の素やキッコーマンといった食品メーカー、日通やヤマト運輸といった運送業、公文教育研究会やベネッセコーポレーションなどの教育産業、セブン‐イレブン・ジャパン、ローソン、ファミリーマート、ミニストップの小売業等、これまでは内需産業と呼ばれていた企業までもが、少子・高齢化を迎え閉塞感の漂う国内を飛び出し、次々とアジアへ進出しています。またその活動を日本政府が支える施策も打たれています。

本章では、ＥＵや米国、日本といった世界の視点からアジアがどのような場所として位置づけられているかをみていきます。

1 世界視点からみたアジア

〔1〕アジア頼みの世界経済

２００８年秋のリーマン・ショック以降、世界的な景気減速からアジア・オセアニア地域はいち早く経済を回復基調に乗せ、現在も成長を続けています。主要11の国と地域（中国、台湾、韓国、インドネシア、マレーシア、フィリピン、シンガポール、タイ、ベトナム、インド、オーストラリア）の実質ＧＤＰ（国内総生産）は、すでに世界金融危機前の水準を上回っており、特に、中国とインドネシアなど一部を除く大半の国がマイナス成長に陥ることなく成長を持続してきました。アジアの景気回復の主な要因は、３つあります。

①世界金融危機発生後に急減した中国向け輸出が急回復した
②各国の景気刺激策により、個人消費が大きく伸びた
③各国の公共投資等による景気刺激策と民間の設備投資が貢献した

これらの要因による景気回復への流れの中で、現在アジアで起こっている変化を大局的に把握しておくことは、極めて重要です。

消費に基づいて成長する安定性

現在、アジアには、世界の人口の約半数が居住し、世界のＧＤＰの約27％を産出しています。また、経済産業省の通商白書によると、中間層と呼ばれる一世帯当たり年間可処分所得が５００１ドル～３万５０００ドル（１ドル78円換算で約40万～２７０万円）の世帯は、現在の９億人から２０２０年には20億人に拡大すると見込まれています。消費市場規模もＥＵ、米国を抜いて世界最大となる16兆ドルに成長すると予測されています。単に「世界の工場」としてだけでなく、「世界の市場」「世界の成長センター」としてますます重要性が高まっているのです。また、中間層の消費拡大による内需主体の経済運営は、アジア経済の安定的発展に寄与するでしょう。

消費という実需に基づいた経済成長は、現在の低迷を続けている世界経済の状況を救うキーワードになる可能性を秘めています。現在の世界経済の問題点は資金を担保に借金をし、その借りた資金でまた借金をするというようなレバレッジ（信用創造）が逆流を始めたことによる「信用不安」「信用収縮」と呼ばれる状況に陥っていることが一因です。このような状況を打開するために新たな信用を生み出すという手法も考えられますが、根本的な一番の解決策は、実体経済が成長することです。

アジアはまさにこれから実需に基づいた成長を遂げていきます。アジアの成長は世界にとってますます重要度を増しているといえます。

〔2〕アジアと欧州ソブリン危機

これまでEUは、アジアの目覚ましい発展を見越して、対アジアの貿易・投資を加速して成長力の底上げを図ってきました。アジアとEUの最初のFTA（自由貿易協定）が韓国との間で署名され、2011年7月に発効しました。

FTAとは特定の国や地域の間で、貿易時の物品の関税やサービスにおける障壁などを削減・撤廃することを目的とした協定のことで、これにより貿易が促進されます。詳しくは第6章で述べますが、すでにインド、マレーシアとの交渉が開始され、シンガポール、ベトナムとは交渉入りが決定しました。タイ、フィリピンなどとは交渉が検討中です。EUはアジアとのFTA締結の動きを加速して、アジアとの積極的な交流を進めています。

アジアにとって欧州ソブリン危機はチャンス

今回の欧州ソブリン危機を受け、アジアでは欧州を含む先進国からの資金流入がやや低迷しています。今後、金融不安がより一層深まった場合、アジアから資金流入どころか大幅に流出することが危惧されています。さらに、欧米経済の減速による、欧米向けの輸出の減少やその伸びの鈍化が顕在化しており、経済全体の先行き鈍化も懸念されています。

しかしながら、アジア新興国の2大国である中国とインドは欧州の金融機関への依存度が低く、民間消費やインフラ整備など潜在的な国内需要が相対的に大きいので、2011年は、中国は9.2％となり、インドは8％台に近い高水準の経済成長の維持は可能といわれています。景気の先行きは一次産品を中心としたインフレ懸念が深まっているものの、政府の機敏な金融政策の舵取りや欧州向け輸出鈍化に伴う新たな景気刺激策の検討などにより、その成長の足を止めるには至らないとの見方が大半です。

むしろ「欧州の危機」を「好機」とみる視点もあります。アジア新興国の財閥企業や政府の意をくんだ国営企業が、欧州企業のM＆Aに乗り出す動きが見られ始めているのです。とりわけ、中国企業はいち早く危機で揺れる欧州各国への投資、あるいは企業買収を加速させる動きを見せています。

例えば、２０１１年４月に化学大手の中国藍星がノルウェー金属シリコンメーカーを買収（20億ドル）、続く5月には空運・物流・ホテル業を手掛ける海航集団がスペインのホテルを買収（５・７億ドル）しました。また、インド企業も欧州企業が保有する権益や事業に関心を示しています。9月には、大手エネルギー企業リライアンス・インダストリーズが英石油メジャーＢＰが持つインド国内の海底ガス・原油鉱区の権益（推定２５０億～３００億ドル）の購入交渉を進めています。

さらにこうした中国・インドの政府系や大手財閥企業は、欧州企業のアジア事業を買収するだけでなく、歴史的に関係が深く、「欧州の裏庭」とも称される中東やアフリカ地域の欧州企業の事業や資源権益にその触手を伸ばしています。

このほか、欧米以外の金融機関の貸し出し縮小といった、国際信用収縮に対抗する動きが期待できます。特に欧州ソブリン危機の影響が限定的なアジア金融機関にとっては、積極的な貸し出し姿勢をとれない欧米金融機関に代わって、アジア域内において貸し出し増加などその存在感を向上させる絶好の機会となっています。

〔3〕アジアと日本

日本の対米輸出は12・7%、対アジアは51・5%

◆ 東日本大震災前後の日本の貿易収支

単位：億円

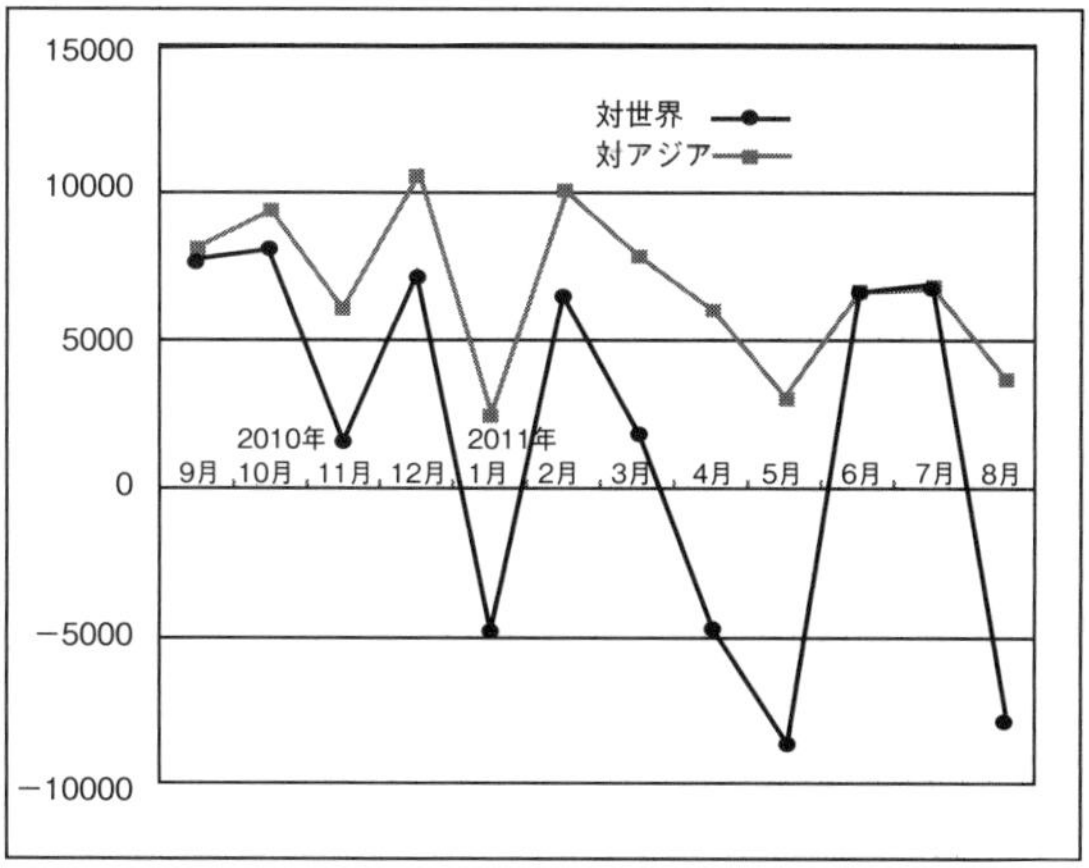

出所：財務省貿易統計

日本にとっても、アジアは日増しに重要度を増しています。日本の貿易相手国を見ると、２０００年には対米輸出が25%、対アジアが41・4%でしたが、２０１０年にはそれぞれ12・7%、51・5%となり、日本とアジアとの関係がますます強化されていることがわかります。さらに、アジアに生産ネットワークを持っている日本企業の観点から見ると、主要企業の２０１０年３月期の地域別営業損益では、４社に１社の割合でアジアが稼ぎ頭になっていると報じられるなど、その存在感を増しています。

　こうした中で発生した東日本大震災は、日本とアジアとの深い関係をあらためて浮

◆ アジア各国・地域の中間財最終財貿易動向

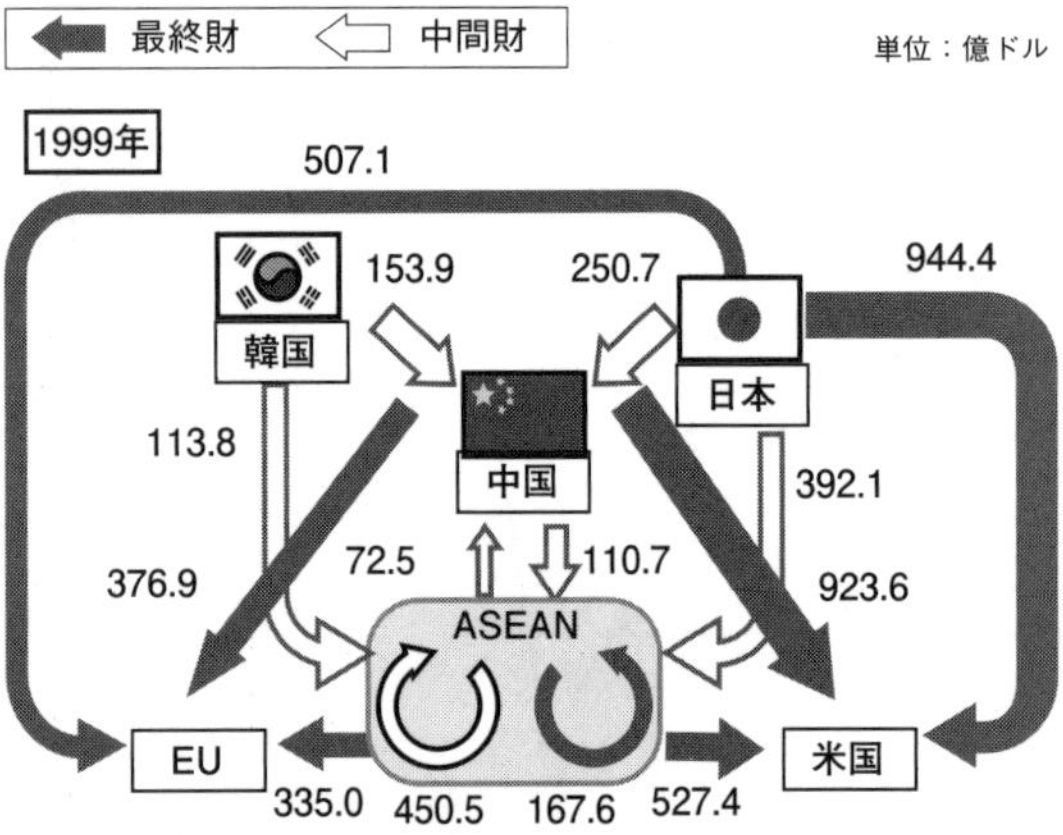

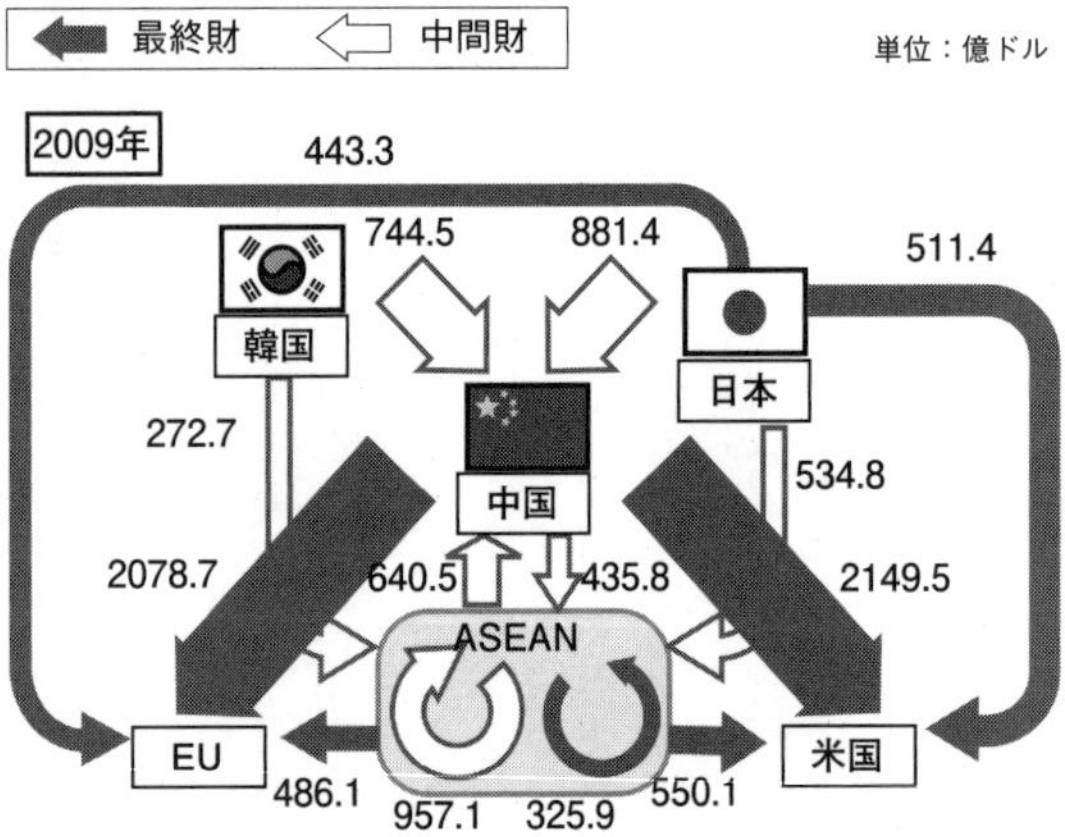

出所：通商白書2011年版

き彫りにしました。震災による生産減のため輸出が減少し、日本の貿易収支は3月に黒字額が大幅に減少、4月と5月は赤字に陥りました。そのような中でも対アジアの貿易収支は、一貫して黒字続きで、アジアへの輸出が震災後の日本経済の悪化を緩和した面が見られます。

背景には、長い時間をかけて日本企業がアジアの生産ネットワークの中に形成していったことがあります。1999年からの10年で米国向けの最終財と呼ばれる完成品の輸出は半減しました。代わって伸びたのは、アジア向けの部品などの中間財の輸出であり、うち中国向けは250・7億ドルから881・4億ドルへと3倍以上に膨れ上がりました。

日本からアジアへ輸出された中間財は最終財へと加工され、アジアから米国やEUへと輸出される構造となっています。この構造が強固にできあがっていることが、震災後の日本経済にプラスに作用したのです。

中小の製造業もアジアへ積極的に進出中

今後、注目されるのは製造業のアジアへの投資です。2010年末時点で日本のアジアへの投資残高は17兆円ですが、うち11兆円が電気機械や自動車などの製造業向けです。最近の動きを見ると、例えばタイに進出した理由としては、日本の市場縮小や円高、チャイナリスク（元高、賃金上昇、尖閣問題）、タイを含む東南アジア市場の魅力が挙げられます。

最近は中小企業単独での進出も目立ち、業種別では自動車関連（プラスチック、ゴムなど）が引き続き多くなっています。多数あるタイの工業団地の一つ、アマタナコン工業団地は、日系企業の進出が増加し、用地の販売価格が上昇しており、拡張計画が持ち上がっています。

日本政府のアジア戦略

こうした中、日本政府もアジアを重視した戦略を打ち出しています。２０１０年6月に、日本経済の再生策を示す「産業構造ビジョン２０１０」を発表し、さらにその具体化のための「新成長戦略」が閣議決定されました。産業力強化のために、「アジア経済との一体化の強化」「アジア内需の創造」「内需と外需の好循環による雇用創出」の３つを国際戦略として挙げています。すなわち、日本政府は、経済の再生のためには、アジア経済との一体化を進め、その旺盛な内需を取り込むことが必要だと認識しているのです。

具体的には５つの戦略産業分野を挙げ、新成長戦略7分野21のプロジェクトを提言しています。その中でアジアへの経済戦略に関しては次の８項目があります。

①パッケージ型のインフラを海外展開
②法人実効税率の引き下げ

③日本のアジア拠点化を推進
④グローバルな人材の育成と高度な人材の受け入れを拡大
⑤徹底的なオープンスカイ、保税搬入原則の見直し
⑥国際標準化（ISO）の推進
⑦クール・ジャパンの発信、輸出、海外展開
⑧FTAAP（アジア太平洋自由貿易圏）の構築を通じた経済連携戦略

このうち、例えば⑤のオープンスカイについては安倍内閣時の政府が出したアジアゲートウェー構想が発端となっています。これまで各空港の国際線の発着枠、路線、便数などは日本と相手国という二国間の交渉によって決められていました。この決定権を航空会社が持つことにより、利便性の向上と競争力の強化が期待されています。

①のインフラ整備については、日本政府とASEANが2011年にまとめた共同宣言では、33件の大規模インフラ整備に日本が協力することを宣言しました。この中では震災やタイの洪水を踏まえ、日本の地球観測衛星を使ってASEAN域内の災害情報を共有する事業に1700億円、ベトナムの国際空港建設で4600億円、インドネシアの送電線網整備で2300億円など、総事業費2兆円規模のインフラ整備に協力します。

保税搬入原則の見直しにおいては、現在企業が物品を輸出する際、関税法によって輸出申告

のためだけに港湾等の指定された区域（保税地区）に貨物を搬入しなければなりませんでしたが、これを撤廃することでコスト削減や手続き期間の短縮などをめざします。

このほか、⑦クール・ジャパンと呼ばれる日本独自の文化（アニメ、ファッション、映画などのクリエーティブ産業）にも注目が集まっています。クール・ジャパンをアピールする場としてフランスで毎年開催されているジャパンエキスポが有名ですが、このイベントには外務省、文化庁、経済産業省、観光庁が参加するなどしています。最近では、AKB48のインドネシア版となるJKT48（ジャカルタ48）が結成されたことが話題になりました。日本のマスコミも現地取材に行ったほどです。

このようにアジアの発展とともに日本経済の再生をめざす取り組みが、すでに始まっています。

〔4〕アジアと米国

アジアに注目しているのは日本だけではありません。米国もアジアへの積極的関与を始めています。ASEANとの首脳会議は、2009年11月のシンガポールでの開催に続き、2010年にはニューヨークで開催されるなど、戦略的パートナーシップの構築に動いています。

２０１１年からは東アジアサミット（ＡＳＥＡＮ10カ国に、日本、中国、韓国、オーストラリア、ニュージーランド、インドを加えた16カ国）への出席を決めました。

オバマ現政権のこうしたアジアへの積極的な関与は、成長が期待できるアジアとの経済関係を深め、米国経済にそのダイナミズムを取り込み、雇用や輸出増というプラス効果を見込んでいます。特に２０１４年までには輸出全体を倍増させるべく、アジアとの貿易を通じた経済関係の強化を図っています。米国は中国の軍備拡大や、尖閣諸島、南シナ海の領有権をめぐる紛争といったアジアの安全保障での関与を強め、ＡＰＥＣ（アジア太平洋経済協力会議）をベースとしたＦＴＡＡＰの創設で主体的役割を果たそうとしています。

アジアを見るときには、世界の中での位置づけ、特に米国、ＥＵといった大国との政治経済的な関係の中で、全体像をとらえる視点が重要といえるでしょう。

2 アジア国同士の関係

〔1〕中国中心とした域内生産ネットワーク

アジア域内に眼を向けてみますと、例えば韓国は、２０１１年10月、日本や中国との間で、非常時に相手国の通貨を融通し合う通貨スワップの拡充に合意しました。これは、グローバルな金融危機が深刻化した場合、韓国の金融市場の混乱を回避し、その混乱がアジア金融市場へ波及することを阻止するのに大変有効に働きます。アジアは１９９０年代に起きたアジア経済危機の教訓を生かそうと、欧州ソブリン危機への対応に向けた協力関係を強めています。

アジア経済は、各国が行う貿易のうち、ア

◆ アジア主要国のGDP成長率

単位：%

	2007	2008	2009	2010	2011	2015
世界	5.4	2.8	−0.7	5.1	4.0	4.8
日本	2.4	−1.2	−6.3	4.0	−0.5	1.5
韓国	5.1	2.3	0.3	6.2	3.9	4.0
中国	14.2	9.6	9.2	10.3	9.2	9.5
台湾	6.0	0.7	−1.9	10.9	5.2	4.9
シンガポール	8.8	1.5	−0.8	14.5	5.3	4.1
マレーシア	6.5	4.8	−1.6	7.2	5.2	5.0
タイ	5.0	2.6	−2.4	7.8	3.5	5.0
インドネシア	6.3	6.0	4.6	6.1	6.4	7.0
フィリピン	6.6	4.2	1.1	7.6	4.7	5.0
ベトナム	8.5	6.3	5.3	6.8	5.8	7.5
カンボジア	10.2	6.7	−2.0	6.0	6.7	7.8
ラオス	7.8	7.8	7.6	7.9	8.3	7.9
ミャンマー	12.0	3.6	5.1	5.5	5.5	5.6
インド	10.0	6.2	6.8	10.1	7.8	8.1
豪州	4.6	2.6	1.4	2.7	1.8	3.3

出所：IMF,World Economic Outlook Database, Sep 2011

ジアの国同士で行われる域内貿易比率が50％を超え、中国を中心とする域内生産ネットワーク体制が形成されつつあります。このことは第2章で詳しく述べます。今後もＦＴＡの進展などで、ベトナム、インドネシア、バングラデシュ、インドへとネットワーク拡張の動きが見られます。ＦＴＡの発効は、域内貿易・投資の拡大をもたらし、生産ネットワークの見直しを促すでしょう。

こうしたアジアの力強さを背景に、ＩＭＦ（国際通貨基金）では、２０１１年、２０１５年の成長率に関して、ＡＳＥＡＮおよびアジア新興国での世界平均を上回る経済成長を予測しています。

〔2〕インフラ、宗教

こうしたアジアのさらなる安定成長のためには、「インフラの整備」（第7章）が不可欠です。インフラの整備が工業化を呼び込み、雇用拡大や所得増加、消費拡大のほか、医療・教育など社会福祉の向上につながるよい循環をもたらすからです。アジアにまたがるインフラ計画としては、日本の提言で、東アジアの16カ国で構成される国際研究機関であるＥＲＩＡ（Economic Research Institute for ASEAN and East Asia 東アジア・ＡＳＥＡＮ経済研究センター、本部ジャカルタ）が、ＡＤＢ（アジア開発銀行）とＡＳＥＡＮ事務局と研究・協議の上、「アジア総合開発計画（Comprehensive Asia Development Plan　ＣＡＤＰ）」（第6章）として東アジアサミットに提案されました。民間資金の活用を含めて、実現が期待されています。

多様性に富んだアジアの経済圏で注目すべきは、「イスラム経済圏」（第8章）です。というのもアジアには、インドネシア、マレーシアを中心にイスラム教徒が8億人以上存在しており、全世界のイスラム人口のほぼ半数を占める巨大市場となっています。

イスラム教では、コーランの教えに則って、金利の受け払いや反道徳的な事業（豚肉、アルコール、賭博、武器製造など）への投資や融資を禁じています。これを「イスラム金融」と呼び、保険や金融商品などが独自の進化を遂げています。インドのムンバイ証券取引所では、酒を扱わないなど事業がイスラムの戒律に沿う企業約50社で構成する指数が導入されました。

教義に則った行為やモノは「ハラル」と呼ばれ、この発展が中東のオイルマネーの新たな還流先となり大きな潜在的成長力となりそうです。２００１年には味の素のインドネシア法人が製造したものに豚由来の物質が使われていたとして、日本人社長が一時拘束される事件が発生するなど、「ハラル」の条件を満たす商品の需要が高まりつつあります。

第2章

「貧困層」が「中間層」へ。収入増の背景

1 アジア・大洋州と世界の貿易

アジアを語るとき、よく耳にするのがＡＳＥＡＮ（東南アジア諸国連合）という単語です。現在は10カ国（インドネシア、フィリピン、ベトナム、タイ、ミャンマー、マレーシア、カンボジア、ラオス、シンガポール、ブルネイ）が加盟しており、本部はインドネシアの首都ジャ

カルタにあります。ASEAN＋3という場合は、日本、韓国、中国が、ASEAN＋6という場合は、さらにインド、オーストラリア、ニュージーランドが加わり、オセアニアを含めた東アジアについて語る場合、このASEAN＋6が中心となります。

2010年のアジア・大洋州の貿易は、輸出・輸入とも約5兆ドルと前年比で3割近い増加となりました。注目すべき点は、中国の輸出額が1兆5780億ドルとなり、米国やドイツを上回って、2年連続で世界最大となったことです。世界の輸出総額に占める割合も10・4％と1割を超えました。輸入額も、米国に次いで世界第2位です。

本章では中国を中心に進むアジア・大洋州内の貿易と投資から経済構造をみていきます。

〔1〕世界とアジア・大洋州の貿易

域内貿易比率が6割近くまで上昇

アジア・大洋州では、内需関連産業の成長や消費の拡大に伴い、各国が行う貿易のうち、アジア・大洋州同士で行われる域内貿易比率が6割近くまで上昇しました。域内貿易比率が高まることは、経済活動がその域内で深化するということを意味しています。

外国の需要に依存する経済構造から、内需を主体にした経済構造に転換していけば、リーマン・ショックのような外的要因によるリスクに左右されない安定的な成長が期待できる上、世界経済にも貢献していくことになるでしょう。

域内貿易比率が高まりつつある背景として、中国やインドが、インドネシアやオーストラリアといったアジア地域内の資源国から輸入を増やしていることや、ＡＳＥＡＮを軸に、ＦＴＡネットワークが形成されて経済関係の緊密化が進行していることが挙げられます。

経済関係の緊密化は、域内経済全体の成長にもつながっています。例えば、インドネシアでは所得の向上が消費意欲を高め、２０１０年の二輪車販売台数が７４０万台で過去最高を記録するなど内需関連産業が活性化しています。インドでは、エアコンや冷蔵庫、テレビ、自動車、バイクといった耐久消費財の販売が好調です。都市部の若者を中心に増加していた携帯電話の新規契約者も、農村部に広がっています。

このような内需関連産業の活性化は、域内各国からインドネシアやインドへ向けた耐久消費財や、その生産に必要な部品の輸出の増加に結び付いています。

◆アジア・大洋州と主要国・地域の貿易マトリックス　2010年（フローベース）

単位：億ドル

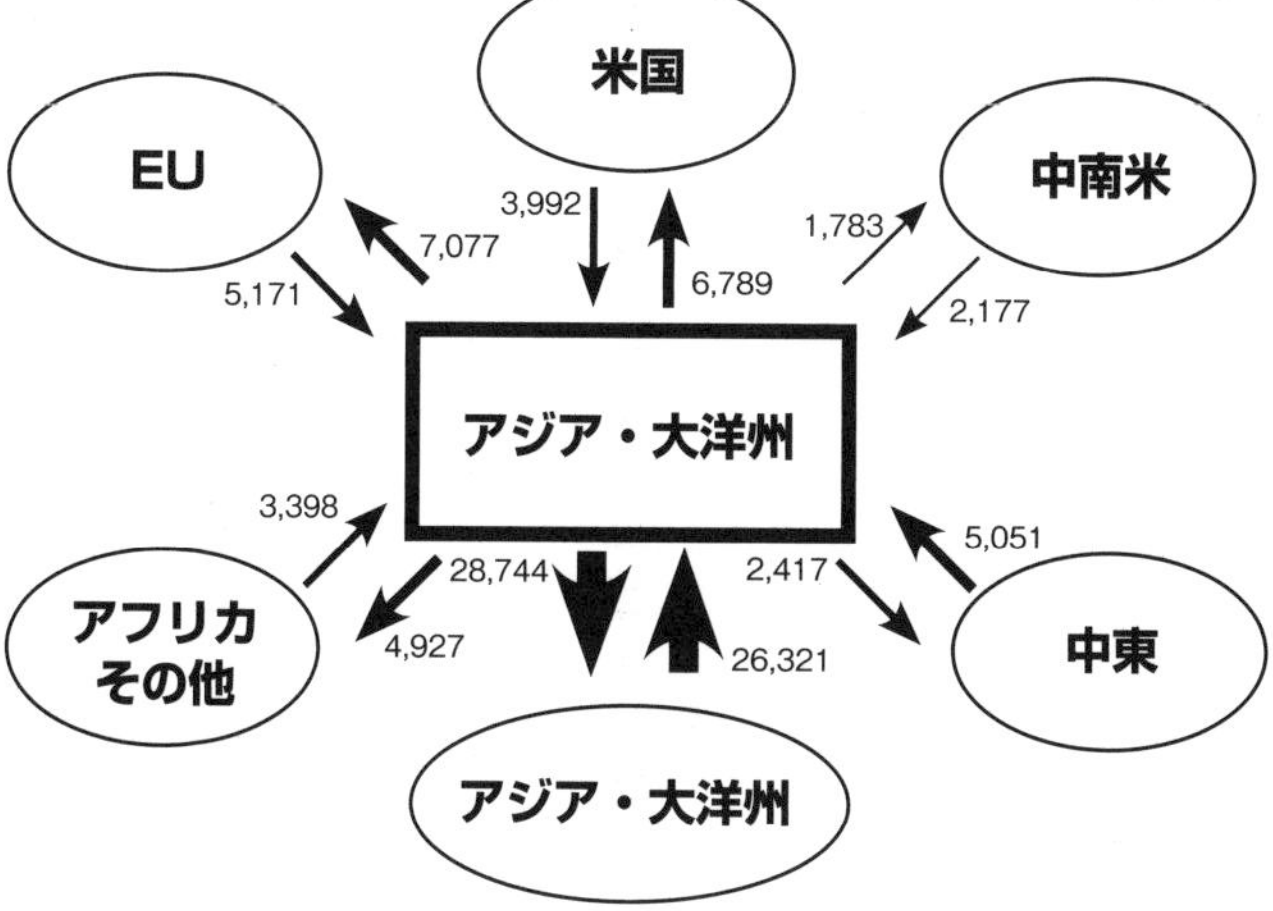

出所：IMF、"Direction of Trade Statistics Online May 2011"、台湾財政部

アジア・大洋州計
輸出：50,601（域内比率56.8%）
輸入：49,096（域内比率57.4%）

〔2〕中国がネットワークの中心に

中国を中心とした域内生産ネットワーク

アジア・大洋州域内の貿易をさらに詳しく見ていきます。２０１０年のアジア域内の貿易額を見てみると、日本よりも中国の存在感が大きいことがわかります。

対米輸出依存度の低下と中国への輸出比率の増加

アジア・大洋州主要国から中国への輸出比率を見ると、各国ともに上昇基調にあります。韓国、オーストラリア、台湾では25％を上回っており、タイの中国への輸出比率は、２０１０年に初めて米国への輸出比率を超えました。

インド、ベトナムの２カ国では、依然として米国への輸出比率が中国への輸出比率を上回っていますが、ベトナムを除くアジア・大洋州の米国への輸出比率は低下傾向にあります。中国を中心とする域内生産ネットワークの深化と、中国への輸出比率の上昇は今後も続くと予想されています。

◆ アジア域内貿易（2010年）

単位：億ドル

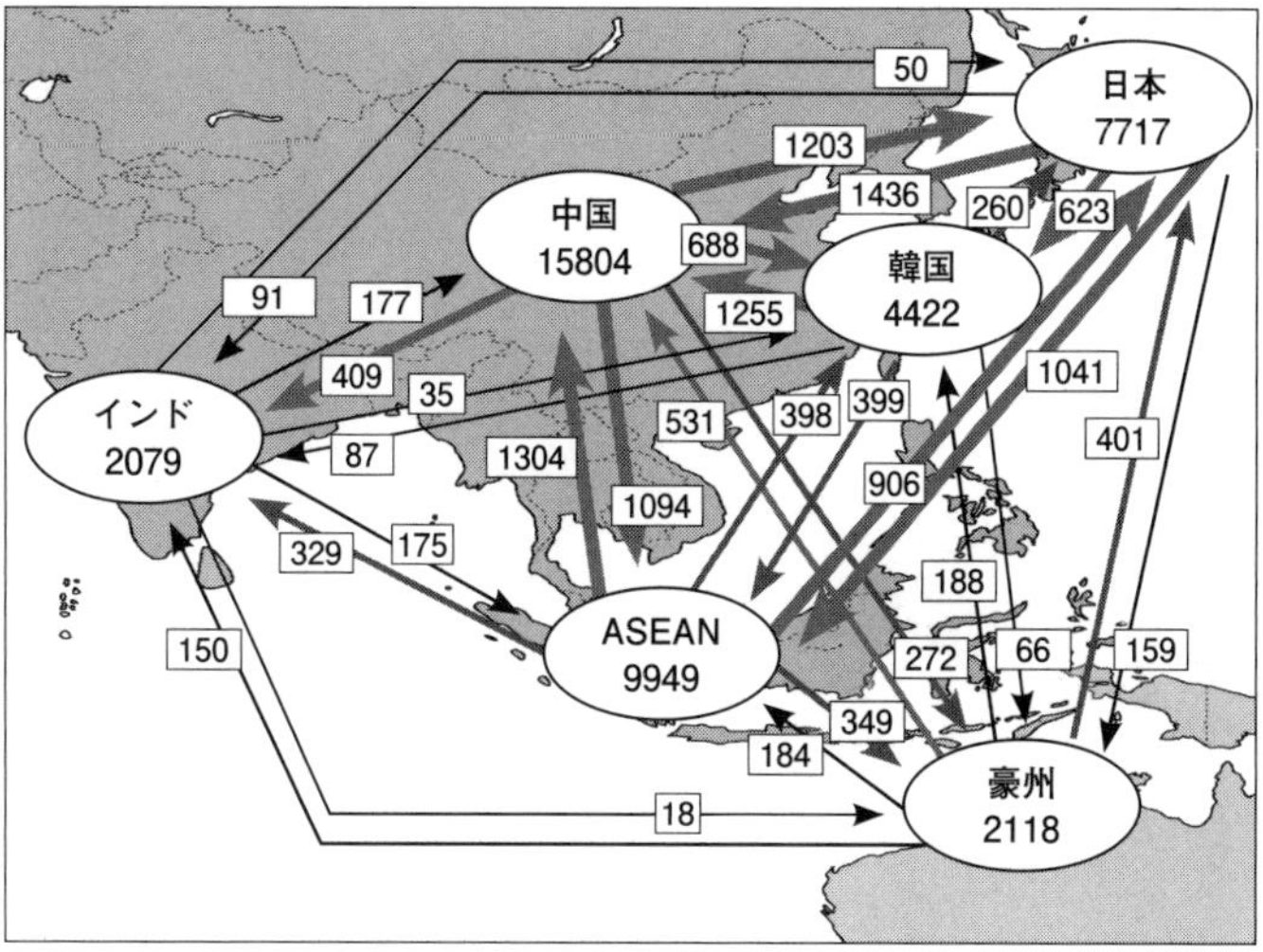

※下線数値は輸出総額。ASEAN5：タイ、フィリピン、マレーシア、インドネシア、シンガポール
出所：IMF, "Direction of Trade Statistics Online May 2011"

〔1〕アジア・大洋州の対内直接投資

❷ アジア・大洋州の投資動向

◆輸出に占める対米比率

単位：%

	2005年	2010年	10年−05年
ベトナム	18.3	21.2	3.0
インドネシア	11.5	9.1	−2.5
豪州	6.7	4.0	−2.7
台湾	14.7	11.5	−3.2
中国	21.4	17.9	−3.5
インド	16.8	13.2	−3.6
シンガポール	10.4	6.5	−3.9
韓国	14.5	10.4	−4.1
フィリピン	18.0	13.6	−4.5
タイ	15.4	10.4	−5.0
香港	16.1	11.0	−5.1
日本	22.9	15.6	−7.2
マレーシア	19.7	10.5	−9.2
アジア・大洋州	17.9	13.4	−4.5

出所：ＩＭＦ、"Direction of Trade Statistics Online May 2011"、台湾財政部

◆輸出に占める対中比率

単位：%

	2005年	2010年	10年−05年
豪州	11.5	25.1	13.6
マレーシア	6.6	19.8	13.2
フィリピン	9.9	19.2	9.3
香港	45.0	52.7	7.7
韓国	21.7	28.4	6.7
台湾	22.0	28.0	6.0
日本	13.4	19.4	5.9
タイ	8.3	11.0	2.7
インドネシア	7.8	9.9	2.2
インド	6.6	8.5	1.9
シンガポール	8.6	10.3	1.7
ベトナム	9.9	9.3	−0.6
アジア・大洋州	12.8	15.4	2.6

出所：ＩＭＦ、"Direction of Trade Statistics Online May 2011"、台湾財政部

◆アジア・大洋州の対内直接投資の推移（1999-2010）

単位：10億ドル

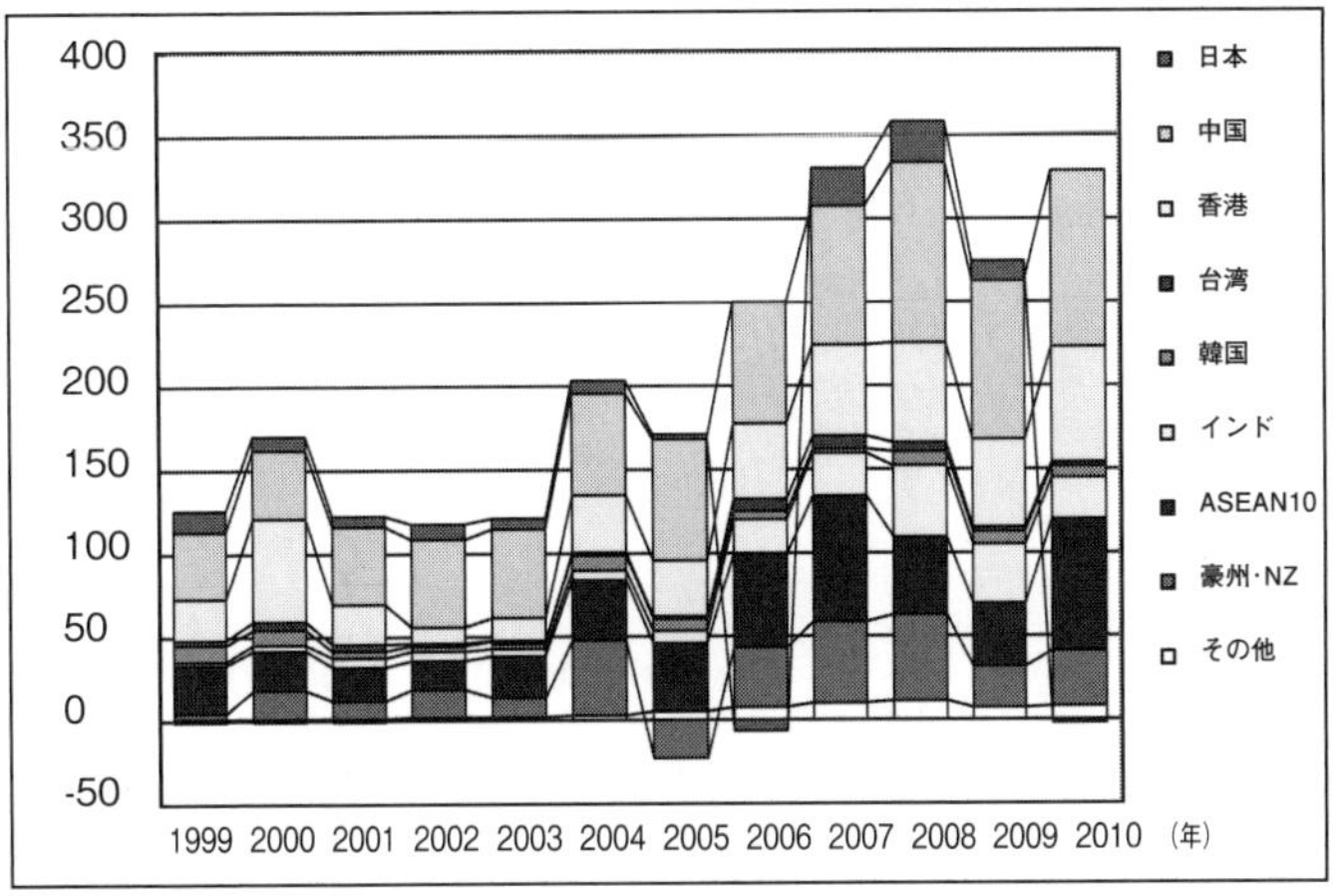

出所：UNCTAD

アジア・大洋州における投資動向を見ていきます。

他国での子会社の設立や、その子会社へ金銭を貸し付けること、経営への参加を目的に企業の株式を取得することを直接投資といいます。直接投資は、それを受け入れる国に資本だけでなく、技術や人材、情報をもたらします。

２０１０年のアジア・大洋州対内直接投資額は、前年比19・２％増の３２７５億ドルとなりました。国・地域別に見ると、第1位は中国、第2位は香港、第3位はシンガポールでした。これらの国々が、アジア・大洋州地域へ積極的な投資活動を行っていたことがわかります。２００９年に比べて増加した国や地域が多くみられましたが、主要国のうち、ギリシャ問題を抱える欧州からの投資が多いインドと日本は減少が続きました。特に日本は12・5億ドルのマイナスとなっています。これは米国からの金融・保険業向けや、欧州からの通信業向けと化学・医薬向けで、大幅な引き揚げとなっているためです。

世界の有望投資先にアジア4カ国がランク入り

UNCTADによると、2012年までの世界の有望投資先上位10カ国に、中国が第1位、インド2位、ベトナム8位、インドネシア9位と、アジアから4カ国がランク入りしています。これらの国々への投資は、今後も積極的に行われると予想されます。

特に中国向けの投資では、内陸部への投資や、小売業などのサービス分野、国内市場向けの投資が拡大する傾向にあります。また、インド向けの投資では、自動車や鉄鋼、製薬、小売り、情報通信、金融など製造業・非製造業を問わず、幅広い分野での投資機会の拡大が期待されています。

〔2〕アジア・大洋州の対外直接投資

◆アジア・大洋州の対外直接投資の推移（1999-2010）

単位：10億ドル

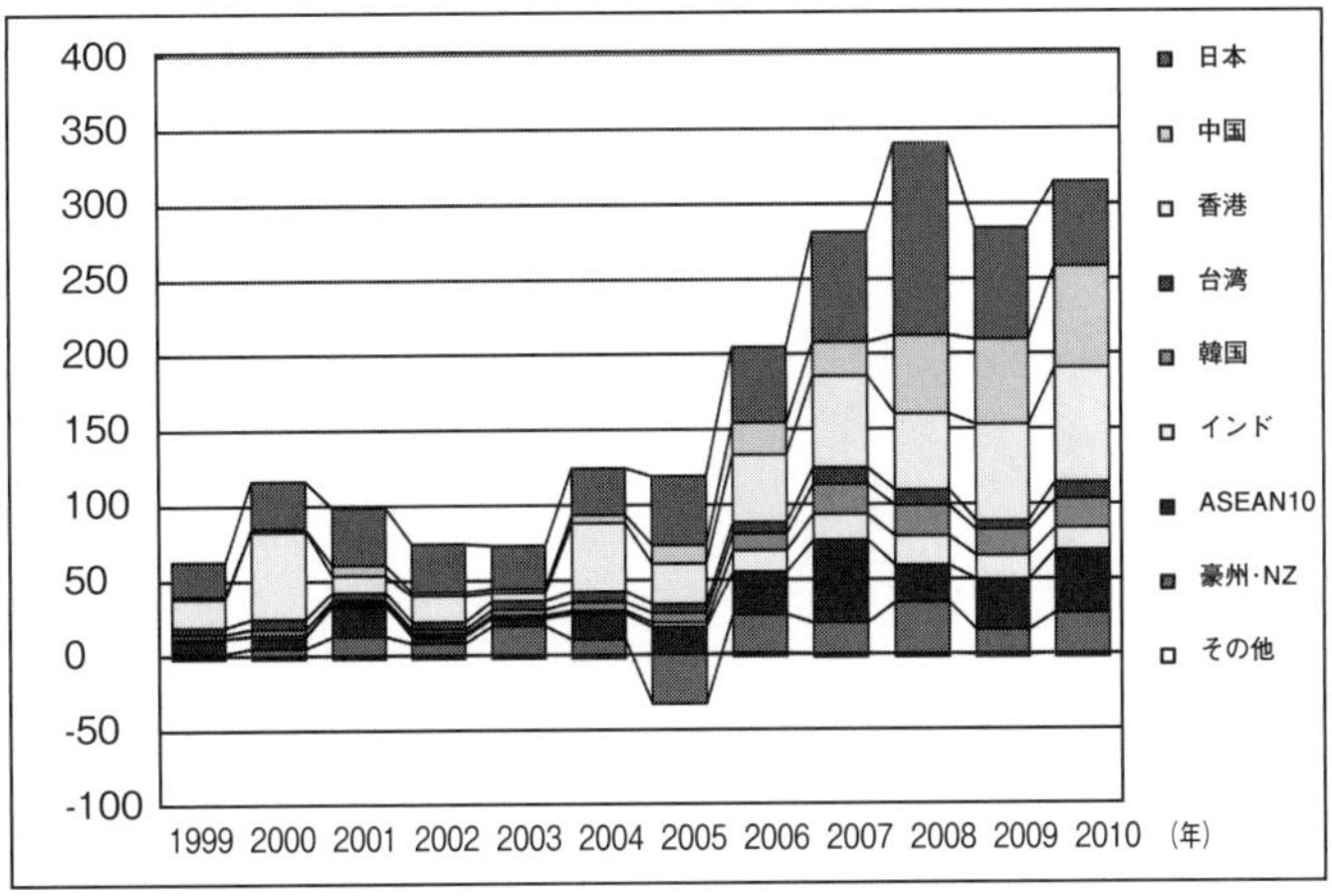

出所：UNCTAD

アジア・大洋州の個別対外投資額は、2010年に前年比11・0％増の3145億ドルとなったようです。国・地域別で見ると、アジアの金融センターを目指す香港が761億ドルで最も多く、次いで中国が680億ドルと続きます。日本の対外投資額は前年比24・6％減の563億ドルにとどまっており、香港と中国の投資額は日本を上回りました。台湾（90・3％増）が、2010年は前年比9割を超える大幅な増加となるなど、軒並み対外投資が拡大しています。ほかにもマレーシアは68・1％増、オーストラリアが63・6％増と、高い伸びとなった国が多く見られました。日本以外で減少となった国は、インド（8・2％減）でした。

国境を越えたM&Aが増加

企業が合併や他社を買収することをM&A（Mergers and Acquisitions）といいますが、国境を越え、海外企業を買収することをクロスボーダーM&Aと呼びます。2010年のアジア・オセアニアが関連するクロスボーダーM&Aは、被買収側（対内投資に相当）が7・3％増の1012億ドル、買収側（対外投資に相当）が100・7％増の1645億ドルでした。アジアマネーが国境を越え、海外企業を積極的に傘下に収めて発展している姿がこの統計からみてとれます。

被買収側では、中国企業に対する投資が2010年に33・2％減少しながらも121億ドルで最も多く、買収側も、中国企業による投資が349億ドルと最多でした。

中国石油化工集団（SINOPEC）によるレプソルブラジル（スペインの石油会社）向け出資（71億ドル）や、吉利汽車によるボルボ買収（15億ドル）などが目立った案件です。

インド企業による投資は265億ドルと、2009年の11億ドルから急伸しました。オーストラリアや、インドネシア、タイ、シンガポール企業による投資も2倍を超え、台湾を除くすべての主要国・地域で増加しています。

リーマン・ショック以降、縮小傾向だった世界のM&Aですが、ここでも実体経済を背景にしたアジアの力強さが際立っています。

❸「中間層」がアジアをけん引する

〔1〕「貧困層」減り、「中間層」急増

2020年には総人口の3分の2が「中間層」に

アジアを語る上で非常に重要になるのが「中間層」と呼ばれる所得階層の増加です。

中間層とは、一般的には経済産業省が通商白書などで使っているように、世帯当たりの年間可処分所得が5001ドル～3万5000ドル（約40万～270万円）の家計人口を表すことが多いようです。この所得階層になると、食料品以外に耐久消費財と呼ばれる比較的高価で長期間使用される電気製品や自動車、住宅関連への支出が可能になってきます。さらには外食や旅行、教育や携帯電話などのサービス消費も増加します。

◆ アジアの中間層の推移

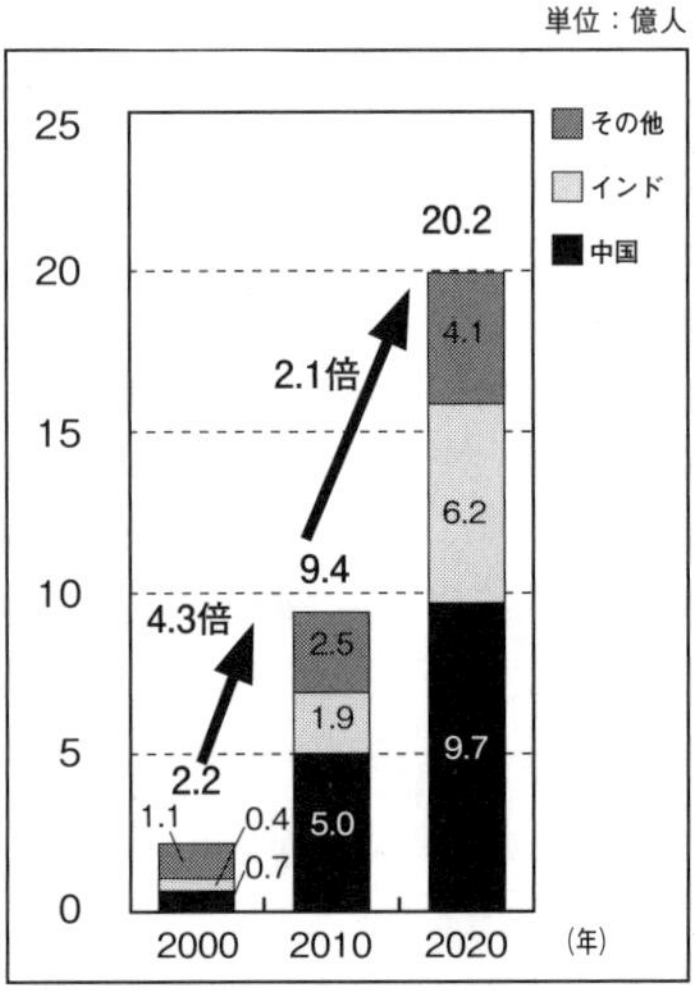

出所：通商白書2010

アジアの中間層は２０００年の２・２億人から２０１０年には４倍以上の９・４億人に拡大し、米国、ＥＵを合わせた人口規模を上回りました。２０２０年にはさらに倍以上の20億人に拡大することが見込まれており、世帯可処分所得が３万５０００ドル以上の富裕層の２・３億人（２０００年には０・３億人）と合わせると、全人口の約３分の２を占めることになります。

中でも、中国、インドといった人口大国における中間層の増加ペースは目を見張ります。中国は、２０２０年には９・７億人、インドは６・２億人にまで拡大すると見られており、東南アジアで人口の多いインドネシアやベトナムでも、同じ傾向がうかがえます。

２０２０年、世界最大の個人消費市場がアジアに誕生

◆ アジア各国の個人消費実績と予測

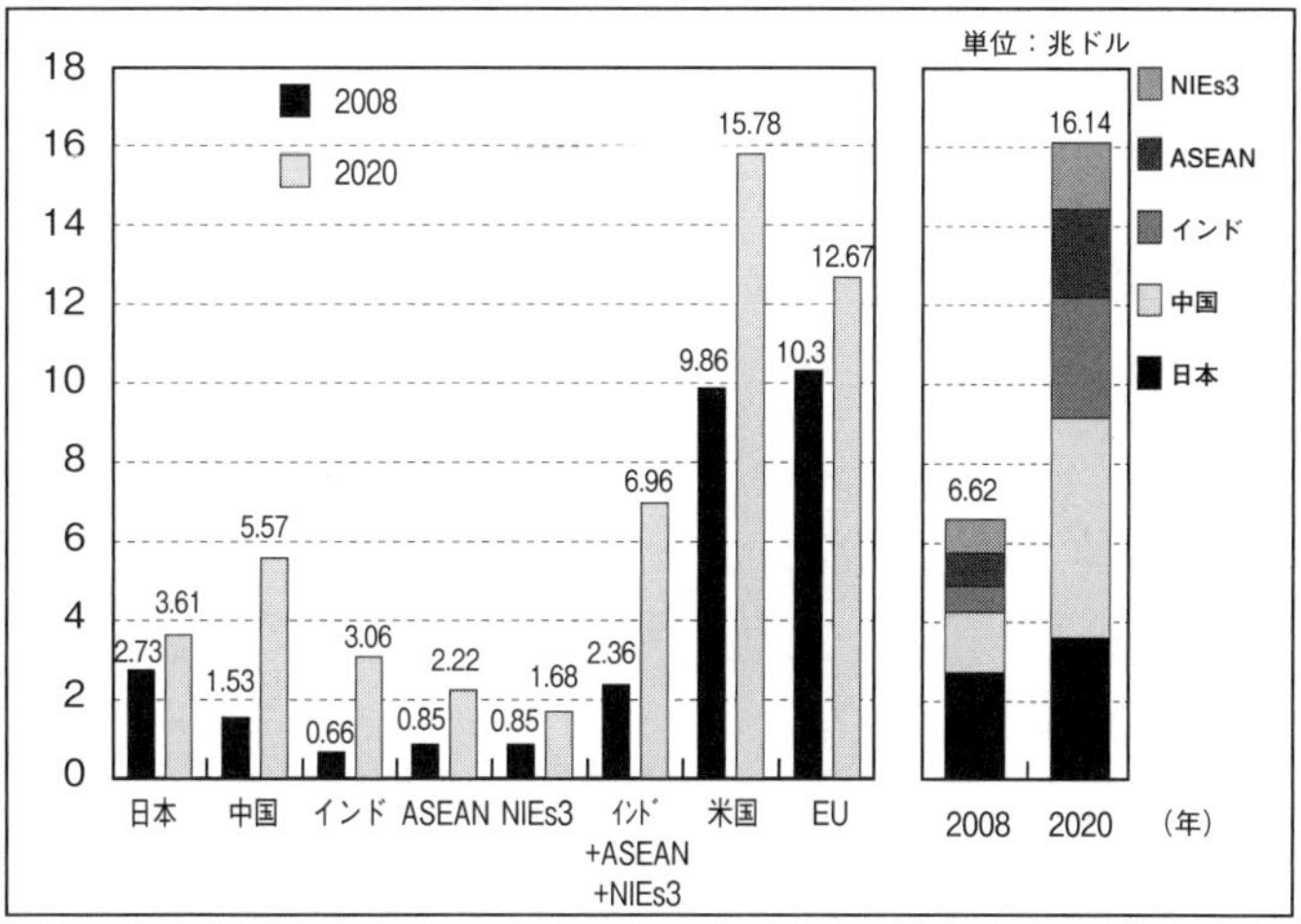

出所：通商白書2010より作成

経済成長に伴い、貧困層が中間層へと生活のレベルが上がることは購買力の向上を意味します。

中国やインドの2008年の個人消費市場はそれぞれ1・53兆ドル、0・66兆ドルにすぎず、日本の2・73兆ドル、米国の9・86兆ドルにはおよびませんでした。しかし、2020年に中国は日本を抜き、5・57兆ドルにまで成長するとみられています。

2020年には、日本・中国・インドと、NIEs3（新興工業経済地域：韓国、台湾、シンガポール）・ASEANの市場規模が16・14兆ドルとなると予測されています。これは欧州をはるかに上回り、米国の15・78兆ドルをも上回る、世界最大の個人消費市場がアジアに誕生することを意味しています。

〔2〕中間層拡大がもたらす変化

2008年秋のリーマン・ショックによるグローバル経済の混乱は、アジアにも大きな爪あとを残しました。

シンガポールやタイといった輸出主導型経済の国は、軒並みマイナス成長に落ち込む一方で、インドネシアやベトナムといった内需主導型経済の国は、前年比では減少を余儀なくされたものの、2011年はプラス成長を維持しています。

「輸出依存型」から「内需主導型」へ

ADB（アジア開発銀行）は、年次報告書『Key Indicators 2010年版』の中で〝The Rise of Asia's Middle Class〟と題してアジアにおける中間層の台頭を特集しています。中間層が経済成長に貢献していく過程などを分析し、現状のペースで中間層が増加すると、2030年までにアジアの消費支出総額は2008年比7・4倍の32兆ドルに達し、世界全体の43％を占める巨大市場になると予測しています。

さらに、中間層の拡大はアジア各国の内需を強化し、輸出依存型の経済システムから、内需主導型の経済システムへと変化させるでしょう。

結果として、リーマン・ショックのようなグローバルレベルで波及する経済危機によるダメージを最小限に抑え、また、こうした経済危機を誘引する世界的な不均衡の是正につながると述べています。

一方で、経済運営を間違えると、この中間層が貧困層に逆戻りしてしまうという危険性もあるのです。

第3章

急増する中間層がもたらす世界最大の消費マーケット

今後のアジアの成長における中間層の役割について第2章で述べてきました。ここからは、中間層を多く擁する国々の実態と、中間層という観点からの注目産業をみていきましょう。

1 爆発する中間層の経済動向

〔1〕中国─若者の新しい消費スタイルに注目

中国における中間層は２０００年の６８００万人から２０１０年には5億人に急増しています。都市人口は２０１１年には６・９億人を超えており、今後は沿海都市部から内陸都市部へ中間層が拡大するとみられています。

中間層の主役は、１９７９年の一人っ子政策施行後に生まれた「80后（バーリンホウ　１９８０年代生まれの意）」と呼ばれる20代の若年層や都市部のサラリーマン層です。

彼らは価値あるものへの支出をいとわず、新商品や新技術など流行に敏感で、新たな消費スタイルを創出しています。また一人っ子であることから両親と双方の祖父母からの財政的支援を受けられるため、６つのポケット（財布）を持つともいわれています。

潜在需要が大きい「男性向け化粧品」

次の世代である「90后（チューリンホウ　１９９０年代生まれの意）」も注目されています。この世代は日本でいうところの茶髪にピアスといった世代でしょうか。男の子を切望する中国人の習慣から男性の数が多いこと、また対象となる10年間で約1億人以上の市場を持つことから、男性用商品（化粧品など）の潜在需要が大きくなっています。

そのほか、中間層を中心としたサービス分野への需要も増大傾向にあります。これを受け、外資系企業による同分野への進出が活発化。この動きは沿海地域の主要都市に加え、中西部の大都市部へと広がっています。

〔2〕インド―2025年には世界一の人口に

インドの2010年の総人口は12・2億人ですが、2025年には中国を上回り約16億人に達すると予想されています。長期的に、安定的な労働力の供給と消費の拡大が見込まれるといえるでしょう。

30歳未満の人口が約6割を占め、若年層が多いのも特徴です。近年は経済の堅調な推移を受け、総人口に占める中間層の割合は1985年の1％から2005年には5％に上昇。今後も上昇が予想されています。

インドの消費市場規模は、2005年の17兆ルピー（約3400億ドル）から、2025年には4倍の約70兆ルピー（約1兆4000億ドル）へ拡大すると試算されています。

生活消費財マーケットが拡大

インドでは耐久消費財、生活消費財、関連サービスの需要が急速に拡大しています。例えば、インド商工会議所によれば食品を含む生活消費財マーケットは2008年に1兆2000億ルピー（約250億ドル）の規模に達しました。その伸び率はこれから10年間で10～12％以上の高水準を継続する見込みです。世界一の人口となるインドのインパクトは計り知れません。

◆インドの消費志向

耐久財	嗜好品	娯楽
携帯電話	たばこ	アニメ
白物家電	ケア用品	ゲーム
ノートパソコン	金など宝飾品	ファストフード
二輪車		スポーツジム
低価格小型車		

出所：「成長する中国・インド消費市場に向けた日本企業の戦略」日本政策投資銀行 2009.10.28

ただし、小売業への外資出資が原則として認められていない点に注意する必要があります。

インドは卸売業に100％まで、単一ブランド品の小売業には51％まで外資の出資を許可していますが、複数ブランドを取り扱う小売業の進出は認めていません。これは9割以上を占める零細業者の保護が目的です。携帯電話を扱う「ノキア」や、スポーツ用品の大手「リーボック」など、単一ブランドだけを扱う事業者のみが進出しています。

ウォルマートやカルフールといった複数ブランドを扱う業態につ

いては、地場卸売業者との提携のみが許され、2009年にウォルマートがキャッシュ&キャリー（現金問屋）形態での進出を果たしました。

2011年には一度小売業への外資参入解禁へ向けた動きがあり日本のローソンなどもインド進出に向けた検討を始めましたが、結局野党の激しい反発に遭い、延期を余儀なくされました。しかしいまだに生鮮食品の4割ほどが輸送途中で劣化してしまうなど、その非効率さがインフレの要因ともなっており、自由化を見据えた外資小売業の今後の動きが注目されています。

〔3〕インドネシア——労働力人口の増加がこの先も続く

インドネシアの総人口は、2020年に約2・5億人、2050年には約2・9億人に達する見通しです。これは、アジアで第3位、世界で第4位の規模です。

年齢別構成では、労働力の中核をなす15歳以上65歳未満の生産年齢人口の割合が高く、2025～2030年頃まで増加が続きます。この期間はGDPが自然と増えることを意味しており、非常に優位に動くでしょう。

ローンをいとわない若者たち

中間層は2008年約8900万人と、1990年比で9・2倍に増加。世帯当たりの年間可処分所得金額が2501〜5000ドルの「中間層予備軍」がこれに続き多く存在します。現在の二輪車購入の中心はこの「中間層予備軍」で、彼らは頭金として20万〜30万ルピアを支払い、残りをローンで購入しています。

インドネシアの一人当たりGDPは約3000ドル。消費市場は2030年には5・1兆ドルまで成長し、日本と肩を並べるといわれています。市場の特徴としては、

①固有名詞が一般名詞化しやすく、先行者利益が高い
(例としてホンダと言えばバイクのこと。ホンダ=バイク)
②ブランド志向が強く、特に日本ブランドへの信頼性が高い
③ローンをいとわない消費行動

などが挙げられます。子供の教育、投資、キャリアアップに関心を持つ消費者が多く見受けられます。

〔4〕フィリピン―GDPの1割は海外出稼ぎ労働者からの仕送り

総人口9326万人（2010年）は、ASEANではインドネシアに次いで2番目の規模です。人口増加率の高さ、および若年人口の割合の高さから、生産年齢人口の増加はインドネシアよりもさらに長期におよぶといわれています。

国民の6割弱はルソン島に住み、うちマニラ首都圏は人口1000万人弱と、フィリピン最大の経済圏を構成しています。

しかし、国内産業が十分に発達しておらず雇用機会が乏しいことから、OFW（Overseas Filipino Workers　海外出稼ぎ労働者）が多く、2010年には約945万人に達しました。

ただし、フィリピンのOFWは生活が苦しいためやむなく海外に出稼ぎに出る「貧しい労働者」のイメージとは様変わりしています。大半は渡航費を捻出できる層の人々で、医師免許を持った人材が看護師として海外で働くケースも増えています。ASEANでは、2015年を目標に医師、会計士など7つの専門職種を対象にヒトの移動の自由化を目指しており、フィリピンの医師免許がASEAN各国で使えるようになる可能性もあります。

製造業による発展ではなく、英語力やIT（情報技術）などを生かした、ほかのASEAN諸国とは違った成長モデルを進む可能性があります。

マニラを中心とした高い消費活動

フィリピンの中間層は２００８年は約３８００万人で、１９９０年比で４・６倍に増えましたが、いちばん多いのは「中間層予備軍」です。マニラ首都圏の平均世帯月収は国の平均の２倍弱に上る約２・６万ペソ（約５７０ドル、年収で換算すると約６８４０ドル）で、購買力の比較的高い層が首都圏に集中しているといえます。

フィリピンはＧＤＰに占める民間消費支出の割合が８割に達するなど、消費性向が高い傾向がうかがえます。ＯＦＷからの送金が消費を支えている点も見逃せません。ちなみに、２００９年の海外からの送金は１７４億ドルに上り、ＧＤＰの実に10・８％を占めています。

〔5〕ベトナム──消費の中心は食料品

ベトナムは２０００年以降年率５～８％台の高い経済成長を継続しています。１９９０年にはわずか33万人だった中間層が、２００８年には約１３００万人へと急速に増加。若年人口が多いだけに、今後もさらなる拡大が予想されています。２０１０年の一人当たりＧＤＰは１２

03ドルに到達しました。

支出の41％が食料品に充てられる

人口構成では世帯所得が1001～5000ドルの層が、総人口の7割を超えます。1990年までは1000ドル以下の世帯が大半だったことを考えれば、この20年余りで急速に国民の所得が向上していることがうかがえます。「越僑」と呼ばれる在外ベトナム人からの送金は、2009年には約70億ドルに上り、家計所得の上昇に貢献しています。

消費支出においては、食料品への支出が大きいのが特徴です。2008年は244億ドルと全体の41％を占めました。

例えば、即席めんの消費量を見ると、2008年は39億1000万食と、2005年比50％の伸び。中国、インドネシア、日本、米国に続いて世界第5位の消費国です。ビールの需要も増加。2008年には195万キロリットルと、世界第16位（アジア第3位）のビール消費国になりました。

日本のサッポロビールは2010年3月、ベトナムのビール会社であるクローネンブルグ・ベトナム・リミテッド（現サッポロ・ベトナム・リミテッド）を買収し、ベトナム市場に参入しています。

食料品ではありませんが、アジアでの紙おむつや生理用品などのシェアが25％でトップのユニ・チャームは、開拓が遅れていたベトナム市場において、市場シェアで紙おむつ30％、生理用品40％を持つダイアナ社を買収し、トップの米キンバリー・クラークを追っています。

2つの日系メーカーが二輪車市場をリード

二輪車市場も活況を呈しています。２００９年は前年比23％増の２２６万３０００台を販売し、中国、インド、インドネシアに次ぐ世界4位の規模となりました。ホンダ、ヤマハ、スズキ、台湾の三陽工業の外資系メーカー4社で市場のほとんどを占めています。

１９９０年代後半から中国製の模造品が大量に流入して市場にあふれた時期もありましたが、地方の低所得者層もようやく、ブランド力や耐久性などの性能面で優れ、購買層に応じて豊富な機種をそろえるホンダやヤマハの製品を選択するようになりました。ちなみにこの模造品は、現在では監視が甘いアフリカで多く出回っているようです。

一方、ベトナムの自動車販売台数は２００８年にようやく10万台を超えました。２００９年は12万台弱と、規模はまだ小さいものの、近年モータリゼーションの兆しがみられます。

◆各国中間層動向

中国	総人口(2010年)	13億4133万人	中間層人口(08年)	4億4356万人(33.4%)
	家計世帯数(09年)	3億8897万戸	平均世帯人数(09年)	3.41人
	≪中間層特徴≫ 市場の主役は「80后」世代の若年層や都市部サラリーマン層。都市化は沿海部から内陸部へと拡大、消費市場も内陸へと拡大しつつある。			
インド	総人口(2010年)	12億2461万人	中間層人口(05年)※	約5000万人(3.0%)
	家計世帯数(09年)	2億2215万戸	平均世帯人数(09年)	5.26人
	≪中間層特徴≫ 中間層は2015年には総人口比21%(2.6億人)に拡大。 30歳以下人口が6割を占め、若年層が多い。			
インドネシア	総人口(2010年)	2億3987万人	中間層人口(08年)	約8900万人(38.7%)
	家計世帯数(09年)	6740万戸	平均世帯人数(09年)	3.41人
	≪中間層特徴≫ 旺盛な消費意欲とローンをいとわない消費行動。2501～5000ドルの中間層予備軍がボリュームゾーン。教育、投資、キャリアアップへの関心高く、関連市場も拡大。			
フィリピン	総人口(2010年)	9326万人	中間層人口(08年)	約3800万人(42.0%)
	家計世帯数(09年)	1906万戸	平均世帯人数(09年)	4.83人
	≪中間層特徴≫ 家計の消費性向が高く、海外出稼ぎ労働者(OFW)の送金収入が購買力を押し上げ。若年人口率が高い。2501～5000ドルの中間層予備軍がボリュームゾーン。			
ベトナム	総人口(2010年)	8784万人	中間層人口(08年)	約1300万人(14.9%)
	家計世帯数(09年)	1981万戸	平均世帯人数(09年)	4.42人
	≪中間層特徴≫ 1001～5000ドルの層に属する「中間層予備軍」人口が急速に拡大(全体の7割)。 若い世代を中心に、貯蓄よりも消費を好む傾向。			

※インド政府の中間層定義は世帯収入約20万～100万ルピー(約3000～2万ドル)。
出所:みずほリポート、Euromonitor、CIA、国連統計などにより作成

❷ アジアの注目産業

アジアでは、中間層の拡大により、自動車、二輪車、家電といった耐久消費財や化粧品、石鹸、洗剤などの日用品の販売が伸びています。このような物品に加え、サービス産業も拡大傾向にあります。

１９９８年から２００８年の10年間に、アジア全体のサービス支出は１・６倍に増えており、今後10年間でさらに2倍増え、２０１８年には７・５兆ドルに近づくと予測されています。家計消費に占めるサービス支出の割合も増加しており、中国やインドでは家計消費の４割程度に上ります。

各国のサービス支出の中身を見ると、それぞれ特徴があります。中国では情報通信、タイ、インドなどでは旅行、インドネシアでは教育が最も支出額の多い分野となっています。

ここからは、主要業種ごとに特徴を概観しましょう。

〔1〕小売業—日本のコンビニがマッチ

アジア各国の物流網や流通システムの整備は、先進国に比べて遅れています。そのため大規模な小売りチェーンよりも伝統的な小規模な小売店を通した消費財の販売が一般的です。消費財の売り上げ全体に占める小規模小売店販売の割合は、インドやベトナム、インドネシアでは9割を超えます。中国においても、小規模都市では独立系スーパーマーケットや家族経営による零細小売店、ローカルな飲食店などが数多く見受けられます。

そんな中、日本のコンビニエンスストアが、積極的に東アジアに進出しています。韓国や台湾、上海やタイなどの海外に出かけると日本でおなじみの見慣れた配色の看板をみることができます。

コンビニ大手5社の2011年度日本国内の新規出店は約1600店ですが、海外に進出する4社（セブン-イレブン・ジャパン、ローソン、ファミリーマート、ミニストップ）の海外新規出店は約2500店に上ります。ファミリーマートは、すでに海外店舗が1万店を突破し、2020年までに世界4万店舗を目指しています。ローソンも5年間で中国に5000〜1万店舗出店予定であり、ミニストップも毎年2カ国新規進出し、2015年度までに海外5000店舗をめざす計画です。

◆小売り各社のアジア展開

セブン-イレブン	中国（北京、天津、上海）100 店強（09 年末）⇒ 1000 店（2015 年末）。台湾、タイ、韓国などに約 1 万 6000 店。
ファミリーマート	台湾、タイ、韓国など5カ国・地域に8000店強。2015年末までに中国だけで約13倍の4500店、アジア全体で1万5500店に。
ローソン	中国・上海に約300店。インド、インドネシア、ベトナムに進出し、3000店体制へ。
ミニストップ	韓国、フィリピンに続いて、2009年中国に進出。2015年末までに3倍の4500店へ。
イオン	2015年度末までに中国に10から15店出店へ。カルフールが売却を検討している東南アジア各国での事業継承に関心。

出所：各種報道を基に作成

◆アジア10カ国・地域データ

	韓国	中国	香港	インド	シンガポール	インドネシア	マレーシア	フィリピン	タイ	ベトナム
電話 (1000人当たり/08年)	44.07	27.52 (07年)	56.44	3.20	41.36	12.96	15.88	4.36	11.0 (07年)	32.65 (07年)
携帯電話契約数 (100人当たり/08年)	94.25	47.44	156.27	29.24	141.99	59.99	100.36	75.96	123.77 (07年)	79.06
インターネットユーザー (100人当たり/08年)	77.45	22.30	56.66	6.93 (07年)	68.00 (07年)	5.61 (07年)	62.54 (07年)	6.03 (07年)	21.00 (07年)	20.45 (07年)
PC保有台数 (100人当たり/07年)	57.83	5.60 (06年)	65.91	3.17	76.87	2.00 (06年)	23.41 (06年)	7.46 (06年)	6.86 (06年)	9.51 (06年)
ブロードバンド契約 (100人当たり/08年)	30.36	6.24	26.77	0.45	22.34	0.13 (07年)	0.06	0.56 (07年)	1.43 (07年)	1.52 (07年)
テレビ保有世帯割合 (%/06年)	100.0	89.0	100.0	53.0	98.0	65.0	95.0	63.0	92.0	89.0
自動車 (1000人当たり台数)	328	28	70	12	141	109	272	34	-	8

出所：Human Development Report、World Development Indicators、通商白書、日本経済新聞ほかより作成

しかしながら国内小売店舗の保護や雇用の観点から、小売り分野の外資規制が厳しい国も多く、先に述べたようにインドでは外資系の小売業への進出はまだ開放されていません。

ウォルマートなどは将来を見据えて、キャッシュ＆キャリーという卸売市場に進出していまず。これらの国へ出店する場合、現地の法律や情勢を調べた上、各国当局との粘り強い交渉などが必要になってきます。

〔2〕医療産業―生活が豊かになるほど高度医療も伸びる

世界銀行によると、２００９年の各国の年間一人当たり医療費支出は、中国が94ドル、インドが29ドル、ベトナムが46ドルで、日本の２７５９ドルや韓国の１１６８ドルを大きく下回ります。ただし、所得増により生活が豊かになれば、それだけ高度な医療を求めるようになり、医療支出も増大していくことは間違いないでしょう。

米国の調査会社フロスト＆サリバンによると、２００９年のアジア太平洋地域の医療サービス、医療機器、薬品などの医療関連市場の規模は２４７０億ドル。所得増などの影響で、２０１２年には４割増の３４８０億ドルに拡大すると予想されています。

海外から患者を受け入れる医療ツーリズム

タイやシンガポールの医療機関では、海外からの患者を受け入れるサービスが強化されています。

例えば、タイのバムルンラード病院は年間に受け入れる100万人強の患者のうち、外国人が4割を占めています。そのため院内には、英語、アラビア語、ベンガル語、クメール語（カンボジア語）、中国語、フランス語、ドイツ語、日本語、韓国語、ベトナム語のほか、ミャンマー語、モンゴル語、エチオピア語の通訳がいるそうです。

日本も医療滞在ビザ制度を整備し、外国人患者の受け入れを拡充する方針です。

経済産業省によると、2011年3月下旬から開始した外国語での広報活動が功を奏し、わずか4カ月の間に30カ国以上から500件以上の問い合わせがきているそうです。福島県郡山市の総合南東北病院では、日本の民間病院で初めて、脳腫瘍などを切らずに治す陽子線治療機具を導入し、中国、ブルネイ、サウジアラビアの病院と患者の紹介をし合う医療協定を結ぶなどの活動が始まっています。東京外国語大学では国の予算でテキストなどを作り、医療知識と語学をあわせて習得する講座を開設しました。

日本政策投資銀行によると2020年時点の医療ツーリズムの市場規模は治療部分で923

億円と試算されています。

また、韓国、台湾も同様に、医療ツーリズムに力を入れ始めています。

医療機関の海外展開とM&A

国際水準の医療機関の需要はますます高くなっています。

シンガポールの総合医療グループのヘルスウェイ・メディカルは国際金融公社（IFC）から資金を調達し、中国・上海などに病院や妊婦、高齢者専用の診療所をつくる計画を進めています。同社は売上高に占める中国事業の割合を現在の5％から2015年には50％へ高める目標を掲げています。

医療機関をめぐるM&Aも生じています。例えば、シンガポールの医療大手、パークウェイ・ホールディングスは、シンガポールのほか、中国、ブルネイ、マレーシアなど6カ国で16病院を展開しています。同社に対して、インドの大手病院フォルティス・ヘルスケアとマレーシアの国営投資会社カザナ・ナショナルが買収競争に発展。最終的にはカザナが全株式の買収に成功し、カザナ医療部門のインテグレーテッド・ヘルスケア・ホールディングス（IHH）傘下となりました。

三井物産は2011年4月、IHHへの30％出資を発表。アジア広域における医療関連事業への積極展開を進めることになります。

インドはジェネリック医薬品のグローバル・ハブ

インドの薬品業界はジェネリック医薬品に関するグローバル・ハブとしての地位を確立し、日本など先進国への進出を加速化させるだけでなく、低価格を武器にアジア周辺国への一層の市場拡大を狙っています。

欧州勢も、ノバルティス（スイス）やメルク（ドイツ）が中国でバイオ創薬、グラクソ・スミスクライン（英国）がシンガポールにワクチン工場を建設するなど、研究・開発拠点が相次いで開設、拡張されています。

〔3〕旅行業—旅行ブームの到来

アジア各国では、サービス関連支出動向を見ても明らかなように、富裕層はもちろんのこと、中間層まで含めた旅行ブームが到来したといえそうです。

昨今では、日本にやってくる観光客はアジア、特に中国からが増加。２００９年は不況の影

◆訪日外国人旅客数・増減率推移

	2008年		2009年		2010年		2011年	
	万人	%	万人	%	万人	%	万人	%
韓国	238	−8.4	159	−33.4	244	53.8	166	−32.0
台湾	139	0.4	102	−26.3	127	23.8	99	−21.6
中国	100	6.2	101	0.6	141	40.4	104	−26.1
香港	55	27.3	45	−18.3	51	13.2	36	−28.3
ｼﾝｶﾞﾎﾟｰﾙ	17	10.6	15	−13.5	18	24.6	11	−38.5
米国	77	−5.8	70	−8.9	73	3.9	57	−22.2
豪州	24	8.8	21	−12.6	23	6.7	16	−27.9
英国	21	−6.9	18	−12.2	18	1.4	14	−23.9
フランス	15	7.1	14	−4.3	15	6.9	10	−36.8
ドイツ	13	0.8	11	−12.4	12	12.3	8	−35.1
総計(その他含む)	835	0.0	679	−18.7	861	26.8	622	−27.8

出所：日本政府観光局

響で訪日外国人旅行者数が減少したにもかかわらず、中国からの観光客に限っては微増しました。２０１０年以降、アジアにおいては景気回復の影響から、各国とも急速に日本への旅行者を回復しています。

２０１０年７月１日からは中国人向け観光ビザの発給要件が緩和されたことで、さらに中国からの旅行者が急増しました。中国人観光客の旅行時の平均消費額は12・8万円で、韓国（6・8万円）、台湾（11・8万円）を上回り、米国（15・０万円）、英国（13・1万円）と比較しても見劣りしないといえる水準で、日本への経済的波及効果は大きいでしょう。

２０１１年度は東日本大震災の影響から外国人旅行者数は激減しましたが、アジア広域で見た場合の旅行ブームは依然として堅調といえます。

純粋な観光目的以外にも、前述した医療ツーリズムや、一度に大勢が利用することになる国際会議や展示会などを招致するＭＩＣＥ（Meeting：会議・研修・セミナー、Incentive：報奨・招待旅行、Convention：大会・学会・国際会議、Exhibition：展示会、の頭文字をとった造語）などで、観光プラスアルファによるアジアへの人的移動はさらに拡大しています。

こうしたアジア広域での人の移動を活発化する上で、ＬＣＣ（Low Cost Carrier 格安航空）の存在感が高まっています。

ＬＣＣが旅行ブームを後押し

ＬＣＣ各社は、路線拡張に加え、株式上場などによる資金調達を行って機体数の増加を進めており、人の移動が活発となるアジアにおいて、旅行ブームを後押ししています。

参考までにエア・アジアの営業網は東南アジアを中心に18カ国、１３６路線。シンガポール航空は91路線（37カ国・地域）にとどまります。また、シンガポールのタイガー航空は、２００９年４～12月の乗客数を前年同期比51％増の約３５２万人に拡大。マレーシアのファイアーフライも２００９年通年の乗客数が前年比２・５倍の１００万人強に急増しています。

こうした動きを背景に、成田空港においてもＬＣＣ専用ターミナルの建設が予定されており、2013年度の運用開始をめざしています。

アジア内で旅行客の誘致合戦。日本では北海道が人気

アジア各地では、ホテルやリゾート施設の建設といった、観光関連の投資が増えていくことが予想されます。

中国の民間大手企業であるFosun Group（復星国際有限公司）は、2010年6月、世界40カ国・80カ所に施設を構えるリゾート大手クラブメッドの株式の7%をフランス系企業から約2800万ドルで買収しました。これにより、クラブメッドは2015年までに20万人の中国人旅行客を見込むといいます。さらに、中国の国内5カ所にリゾート施設を開業する計画です。

日本においてもアジアの観光客を取り込もうという活動が活発にされています。中でも北海道は、新鮮な食べ物や雪、欧州の田園風景を思わせる景色などが人気を集めています。

〔4〕教育関連産業―日本企業が情操教育を売り込む

所得の上昇に伴って、各国で教育関連への支出も確実に上昇しています。

中国では、２０００年に一人当たり年間20ドルだったものが、２００８年には一人当たり年間72ドルに増加。インドネシアでは同じく15ドルから79ドルへと増加しており、アジア各国において、教育関連市場が急速に拡大していることは明らかです。

特に若年人口が多いインドネシアやベトナムでは、今後教育産業に対する需要がさらに拡大していくと思われます。

会員40万人を誇る「こどもちゃれんじ」中国版

日本の教育関連企業も、市場規模の大きさに注目しており、それぞれ業務拡大を図っています。かつては、主に日本企業の海外駐在員子女が対象でしたが、最近では現地の住民をターゲットとし、情操教育を売りとするものも増えています。

例えば、公文教育研究会は、アジアの12カ国・地域に進出し、約55万人が学んでいます。インドネシアには１９９１年に進出。全国10都市で４４０教室、生徒数は約８万４０００人にも達しています。今後10年で25都市に展開する計画を掲げています。

ベネッセコーポレーションは、２００６年に中国に進出しました。１～６歳児の未就学児向け講座「こどもちゃれんじ」の中国版で、２０１１年10月時点で40万人の会員を獲得しています。

ヤマハは楽器販売に合わせて、音楽教室を中国、インドネシアなど10カ国・地域で展開しています。学習人口は、日本（１４６０万人）の２・７倍に当たる４０００万人と潜在需要は大きく、講師・調律師の育成にも注力しています。

アジア新興国における韓国企業の「強さ」の背景

アジアにおける新興国は今や、中間層によって支えられています。韓国企業は、その中間層にいち早く着目し、新興国市場で先行しました。

日本のバブル崩壊後の「失われた10年」は、韓国にとっては「手本の日本企業が消えた10年」でした。

この間、サムスン電子は、米国のコンサルタントを起用し今後の進むべき道を探りました。その結果、「中国およびインドの市場開拓」と「OEM（Original Equipment

Manufacturing　他社ブランド製品の製造）から脱皮して、地場密着型製品開発を進める」の2つの戦略を採用。日本企業との競合を避け、手薄になっている新興国市場に照準を合わせ、現地の消費者の好みを取り入れた最新製品を提供することで差別化を図ろうとしました。

サムスンは特に、デザイン重視の企業カルチャーで知られます。そのターニングポイントとなったのが、次の2つのできごとでした。

①米国でのショック（1993年2月）

ロサンゼルスでの電子部門輸出商品の「現地比較評議会」を開催時、他社製品を分解・研究したところ、サムスン製に比べて性能が優れていた。部品点数も少ないことに、大きな危機感を覚える。

②日本人顧問のアドバイス（1993年6月）

サムスンが東京で開催した技術開発対策会議で、日本人の顧問がデザイン部門の問題点を整理した報告書を提案。李健煕（イ・ゴンヒ）会長は、この提案書によりデザインに関する強い問題意識を持った。

サムスングループは、２００５年、「デザインこそが企業の哲学や文化を表現し、企業の優位性を左右する」という会長の信念によりデザイン経営を重視するに至った。

サムスンの「地場密着型製品開発」の具体例について、インド市場を例にみてみましょう。

テレビは、視聴者がよく見る番組を簡単に操作できるイージービュー機能を搭載。大音量を好むインド人に合わせて２０００ワットに増強しました。地域ごとの言語に合わせ、10言語の字幕に対応し、インド人が熱狂する「クリケットゲーム機能」を追加しました。

頻繁に停電が起きるため、洗濯機には動作が止まる前の状態を記憶する機能や、伝統衣装であるサリーを傷つけないように洗濯する特殊機能を搭載。また、洗濯中に中のものが見えるよう、透明のふたを追加しました。インド人が好きなデザインである花模様のほか、21のバリエーションを提供しています。

冷蔵庫には鍵をつけ、盗難防止策を強化。携帯電話には、電力事情を考慮して本体裏側に太陽光パネルを設置し、道路の騒音などを考慮した呼び出し音は高く設定されています。

インドには、下一桁に1を加えると吉祥数になるという慣習があるため、電子レンジには「１０１」という数字を好むインド人に合わせて１０１種類のレシピ機能を搭載するなどしました。

品質面では、顧客が不良品と感じる「体感不良率」を使用。体感不良率は、総販売台数に占めるクレーム数で表されますが、仮に不良状態となっても、顧客が「安かったから仕方ない」とクレームをしないケースでは、その製品の品質は市場の許容範囲であると判断。この基準をもとに使用部品のグレードを選択し、コストを下げることに成功しました。

経営や人材の現地化も進めています。サムスンでは、1990年から「地域専門家制度」を導入。将来を嘱望される若手を世界各地で1年間自由に過ごさせ、現地の文化や習慣を学ばせています。2008年現在、累計3800人が同制度を活用し、現地の生え抜きの人材を要職につけることにも積極的です。彼らを本社とのパイプ役とすれば現地職員の意欲向上につながり、競争力の源泉にもなります。

4　巨龍、中国

急速な発展を遂げている中国の成長に乗ろうと、世界中が躍起になっている。しかしながら中国は一筋縄ではいかない。経済バブルや都市部と地方との格差、一人っ子政策による急速な少子・高齢化など、政府は難しい舵取りを迫られている。

この章の読みどころ

〔 中国の今 〕

中国は2009年にドイツを抜き世界最大の輸出国となり、さらに2010年にはGDPで日本を抜き、米国に次ぐ世界第２位の経済大国へと成長した。2011年9月末現在の外貨準備高は3.2兆ドルと世界最大を誇り、さらに米国債の最大保有国（2011年10月末現在1兆1400億ドル）となっている。勢いを増す「中国の今」をつかもう。

〔 山積する課題 〕

2010年の都市住民と農村住民の所得格差は3.2倍あり、格差は拡大するほどに発展を妨げる不安材料となる。また、65歳以上の高齢者が人口の9.1％を占め、すでに高齢化社会に突入している。さらに、中国は世界最大のエネルギー消費国であり、エネルギー効率の向上が最重要課題の一つだ。中国は山積する課題にどう立ち向かうのか？

〔 中国の今後 〕

2006～2010年に実施された「第11次5カ年計画」では、22指標のうち18指標が達成された。次の「第12次5カ年計画」では従来の「投資と輸出に依存した成長モデル」から「消費と投資と輸出のバランスがとれた成長モデル」への転換を図る。目標達成に向けてアジアの巨龍・中国が、具体的にどう動くのか想像してみよう。

第4章 巨龍、中国

第4章と第5章では、発展を続けるアジアの二大巨頭、中国とインドについて取り上げます。どちらの国も人口が10億人を超える超大国です。日本の人口の10倍を超えるこれらの国が順調に発展すれば、その影響力はアジアの中でも非常に大きなものになります。

象のような発展の歩みを進めるインドに対し、昇り龍のごとく急速な発展を遂げているのが中国です。北京オリンピックや上海万国博覧会を経て発展する姿は、まるで東京オリンピックや大阪万国博覧会を経て高度経済成長を遂げた日本の姿に重なります。一方で、都市部と地方との格差や、一人っ子政策による急速な少子高齢化が進むなど、日本が今まさに抱える問題も同時に抱えています。

非常に難しい舵取りを迫られている中国の今後を読み解く上で参考になるのが中国政府の立てる5カ年計画です。5カ年計画とは、5年の期間で達成すべき目標とその手法について定めた長期的な計画のことで、2011年から第12次5カ年計画がスタートしています。

それでは、中国の実情を具体的に見ていきます。

1 中国抜きに世界経済語れず

〔1〕世界で存在感を増す中国

第二次世界大戦後の中国の歴史は、1949年の建国から現在に至るまで、二つの時期に分けることができます。

一つは、1949年から1978年に至る時期で、社会主義計画経済と国有企業を中心とした社会主義の体制づくりの時代です。この約30年間に、GDPは5倍強、1人当たりのGDP

◆ 建国以来の中国のGDP推移

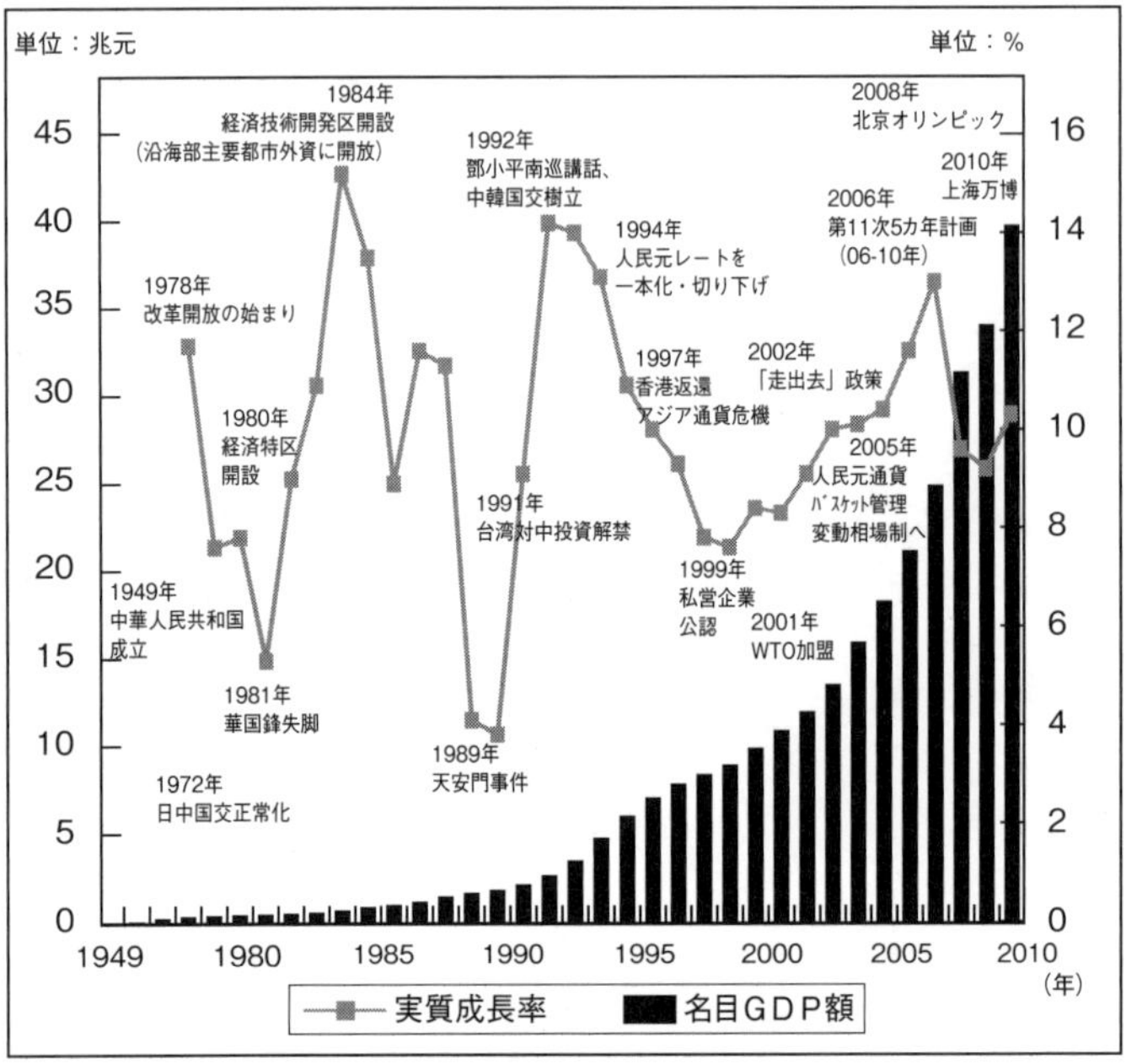

出所：三井業際研究所中国ビジネス委員会作成 2010年1月
※中華人民共和国国家統計局「中国統計年鑑」各年版

は約3・2倍にまで拡大しました。

もう一つは、1978年の改革開放政策の実施から現在に至る時期で、計画経済から中国独自の社会主義市場経済への移行が行われました。鄧小平は「先富論」（可能な者から先に裕福になり、落後した者を助けようという考え）を唱え、1992年の南巡講話では「改革開放を加速せよ」と指示を出し、それ以降中国は大きな経済的発展を遂げたのです。この約30年間に、GDP総額は約109倍、

1人当たりGDPは約76倍に増えました。

このことから、後半の30年は前半より大きく発展したことがわかります。

ちなみに、日本の高度成長時代の所得倍増計画では10年で2倍という目標であったことからも、近年の中国の成長のスピードがとてつもなく速いことがうかがえます。

中国は2001年のWTOへの加盟を機にグローバル経済に組み込まれ、対外貿易の拡大とともに経済規模も大幅に増大しました。

2009年にドイツを抜き世界最大の輸出国となり、さらに2010年にはGDPで日本を抜き、米国に次ぐ世界第2位の経済大国へと成長しました。2011年9月末現在の外貨準備高は3・2兆ドルと世界最大を誇り、さらに米国債の最大保有国（2011年10月末現在1兆1400億ドル）となっています。

また、北京オリンピック（2008年）、上海万国博覧会（2010年）の2つの国際的イベントも成功裏に閉幕するなど、国際的存在感も飛躍的に拡大しています。

〔2〕世界ナンバーワンの輸出国へ

◆中国の対外貿易額の推移

単位：億ドル

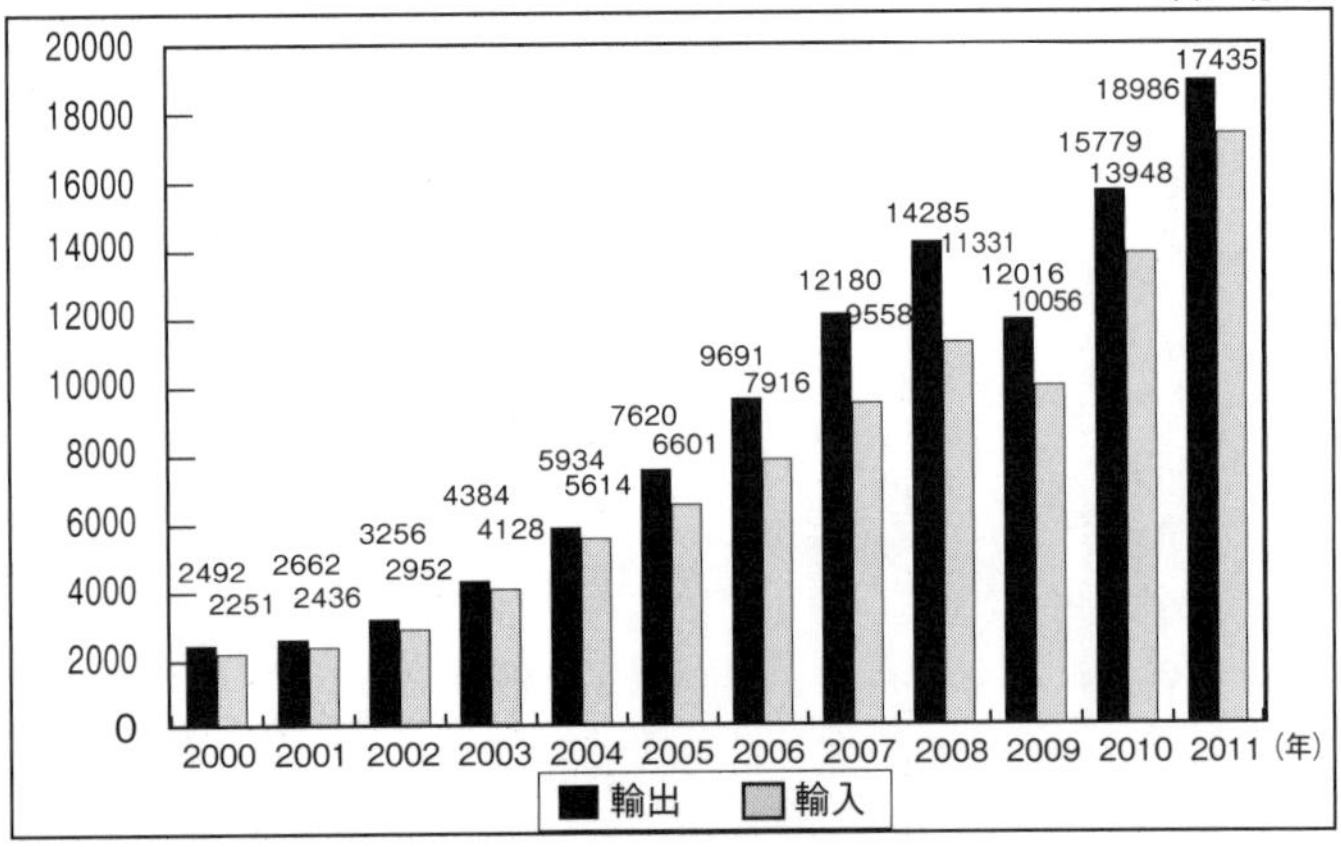

出所：日本総務省統計局、世界銀行、IMF、中国国家統計局の発表資料を基に作成

中国の対外貿易総額は２０００年の４７４３億ドルから２０１１年は約３・６兆と７・６倍に急拡大しました。とりわけ輸出総額で見ると、２０００年はわずか２４９２億ドルですが、２０１０年は１・６兆ドルに拡大し、さらに２０１１年は１・９兆ドルにまで達しました。

海外から中国向けの対内直接投資は１９７８年のわずか２・６億ドルから２０１１年には１０００億ドルを超え１１６０億ドルに達しました。外資は、これまで中国を生産拠点として位置づけて投資を行ってきましたが、近年は生産にとどまらず中国国内市場の開拓を目的とした投資も積極的に行っています。

一方、中国政府は２００２年に自国企業による海外投資奨励策（走出去）を打ち出してから、中国企業による対外直接投資も増加し

◆中国対主要国・地域貿易額 (2010年)

単位：億ドル

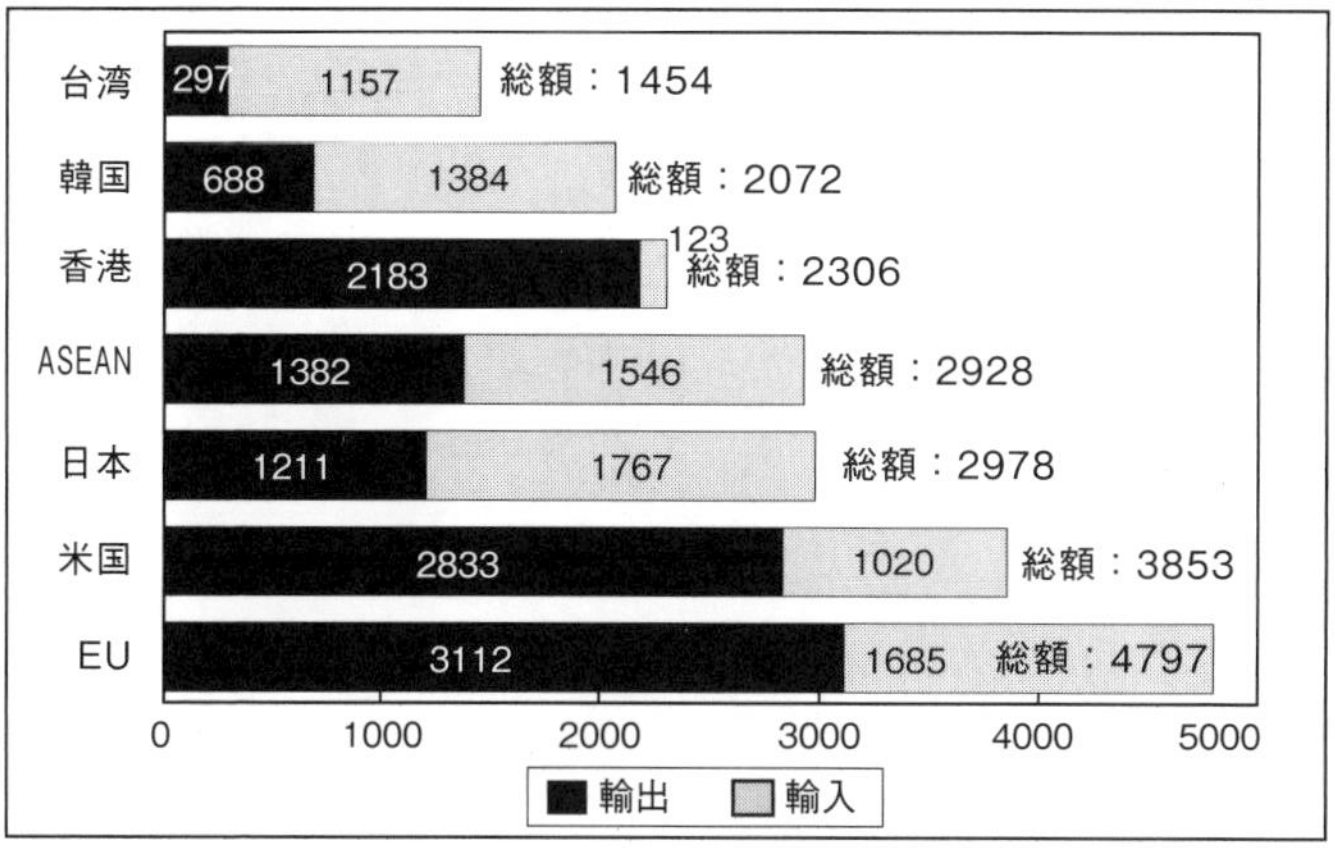

出所:中国海関総署ホームページより作成

◆中国対内·対外直接投資推移

単位：億ドル

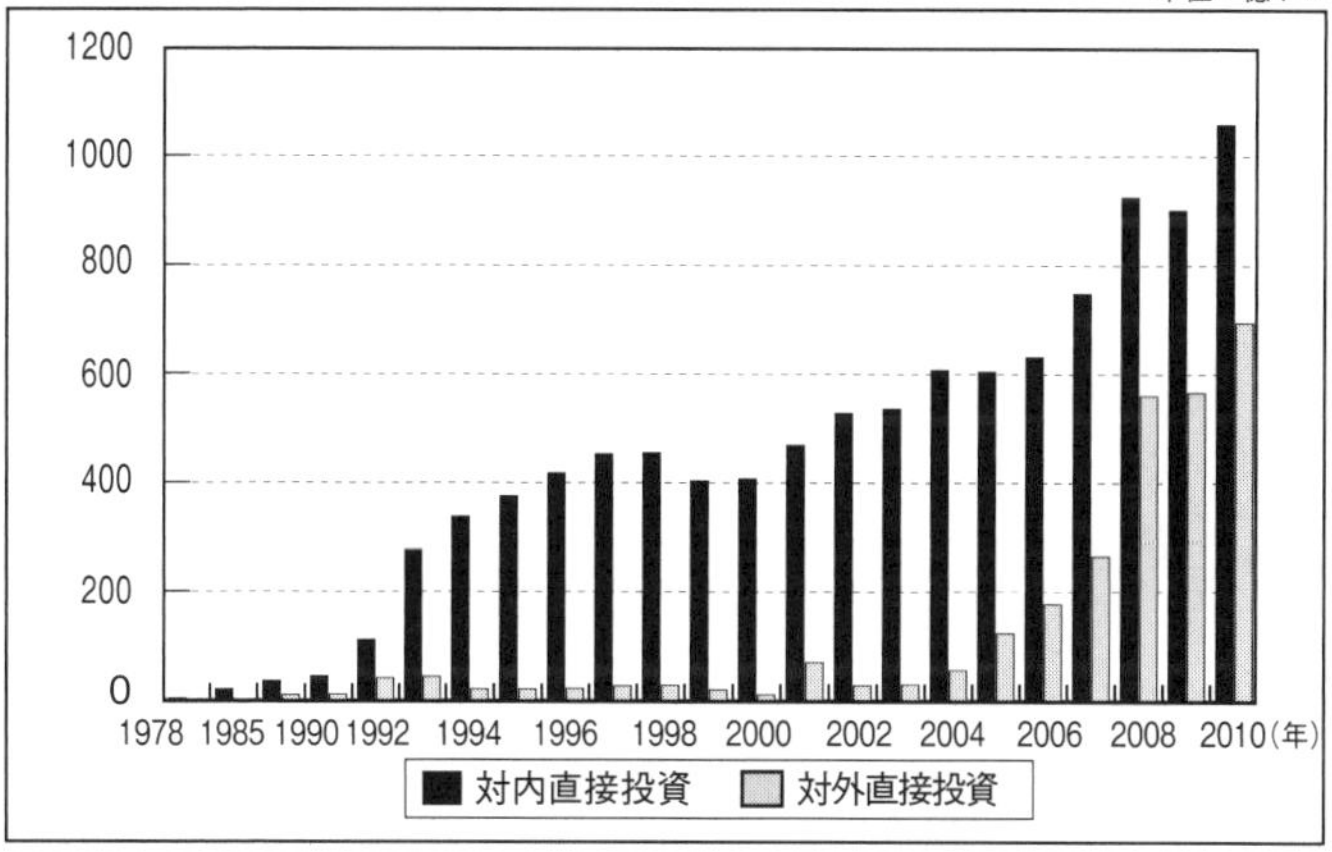

出所：中国統計年鑑、中国商務部ウェブサイト

◆中国の国・地域別対内直接投資

単位：100万ドル・％

	2009			2010			
	国・地域名	実行金額	シェア	国・地域名	実行金額	シェア	前年比
1	香港	53,993	60.0	香港	67,474	63.8	25.0
2	台湾	6,563	7.3	台湾	6,701	6.3	2.1
3	日本	4,117	4.6	シンガポール	5,657	5.4	45.6
4	シンガポール	3,886	4.3	日本	4,242	4.0	3.0
5	米国	3,576	4.0	米国	4,052	3.8	13.3
6	韓国	2,703	3.0	韓国	2,693	2.5	−0.4
7	英国	1,469	1.6	英国	1,642	1.6	11.8
8	ドイツ	1,227	1.4	フランス	1,239	1.2	-
9	マカオ	1,000	1.1	オランダ	952	0.9	-
10	カナダ	959	1.1	ドイツ	933	0.9	−24.0
	その他	10,540	11.7	その他	10,150	9.6	−3.7
	全世界合計	90,033		全世界合計	105,735		17.4

注：バージン、ケイマン諸島、サモア、モーリシャス、バルバドスなどの自由貿易港を経由して当該国・地域へ投資された金額を含む
出所：JETRO通商弘報　2011年3月28日

ています。2002年の対外直接投資額は27億ドルだったのに対し、2011年には601億ドルにまで大幅拡大しました。

〔3〕世界最大の自動車マーケットがここに

中国の新車販売台数は2001年のわずか236万台から2011年には1850万台に達しました。3年連続で米国を超えて世界一の自動車市場となり、本格的なモータリゼーションの時代を迎えています。

2010年末現在の自動車保有台数は、日本が7500万台、米国が2億8500万台あるのに対し、中国は7800万台です。自動車普及率は、2010年現在10%未満で、現在の日本の約60%、米国の約80%には遠くおよばないことから、今後も経済成長に伴う国民の所得増によって自動車市場が拡大する余地は大きいといえるでしょう。

◆日本・米国・中国の自動車市場規模の推移

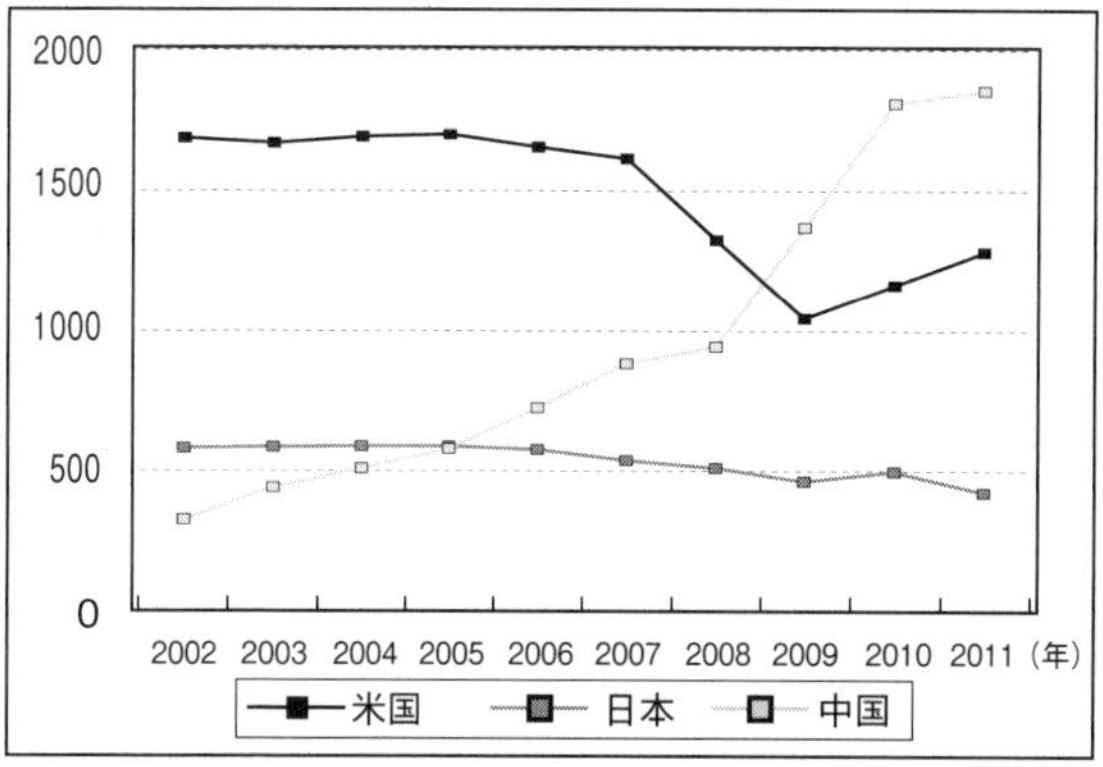

出所：日米（新規登録台数）、三井物産戦略研究所景気動向指標、日本自動車販売協会連合会HP、中国（販売台数）の2001-07年は自動車年鑑、2008-11年は中国汽車工業協会統計

❷ 山積する課題

成長の裏側に問題点も多数あります。ここで急拡大を続ける中国における問題点を挙げてみましょう。

〔1〕格差問題

格差問題は最優先課題

経済が急成長した半面、社会のゆがみが顕在化しています。

1978年の改革開放政策の実施に伴い、沿海都市部に重点を置いた経済発展に注力した結果、沿海部と内陸部、都市と農村間の格差問題が生じました。

2003年に誕生した胡錦濤・温家宝政権は、「科学的発展観」と「和諧(調和)社会の構築」を目標として掲げ、従来の経済成長のみを追求してきた姿勢を改めました。外需依存型成長から消費を中心とした内需主導型成長への転換を図るとともに、地域格差の是正をめざして

◆都市と農村の一人当たりの所得推移

単位：元

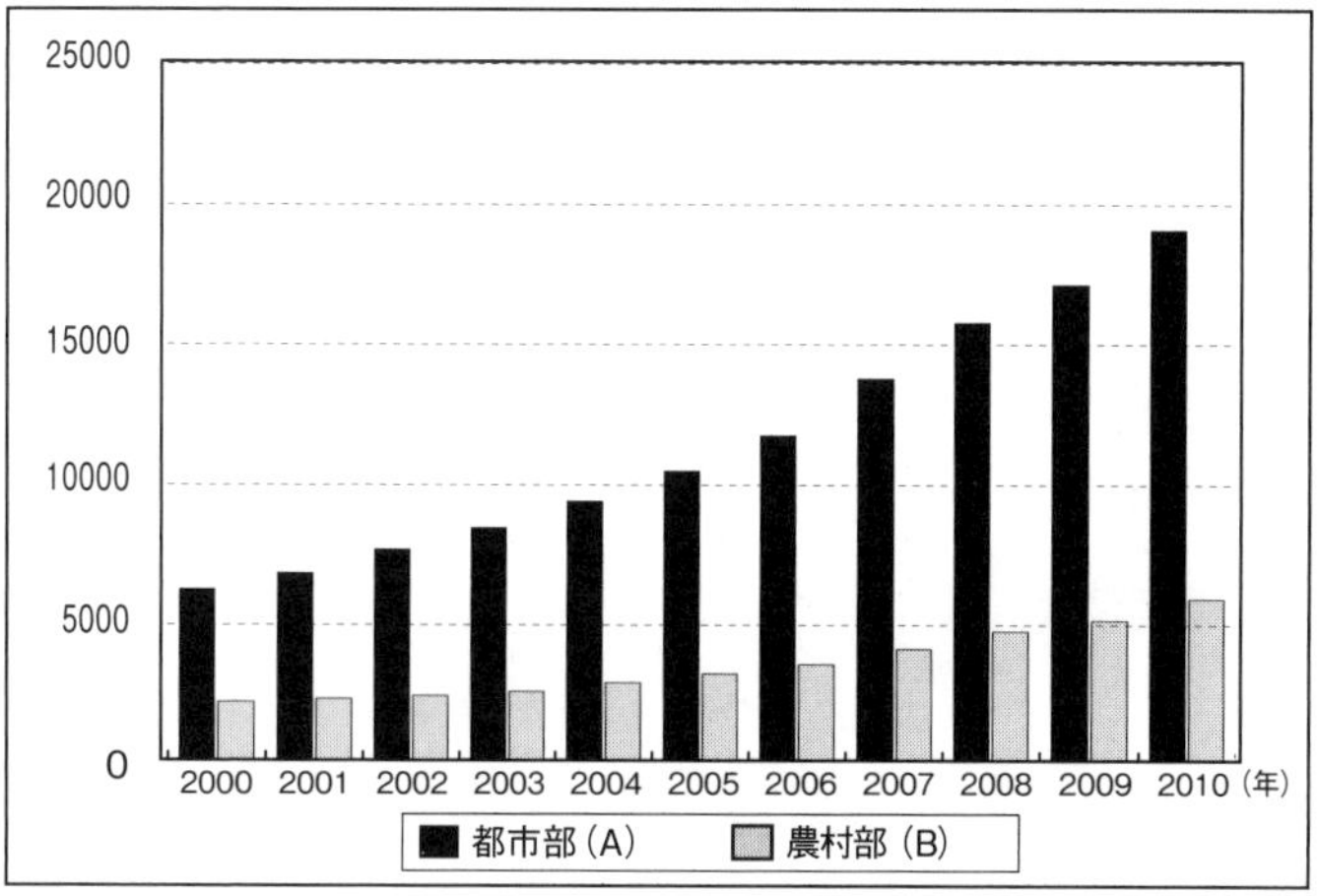

出所：中国統計年鑑（各年版）

いますが、実現までの道のりは遠いといわざるを得ません。

２０１０年の沿海都市の上海市と内陸部の貴州省のＧＤＰ総額を比較すると約３・７倍です。同年の都市住民と農村住民の所得格差は３・２倍となっており、格差が拡大すれば社会の不安定材料となる恐れがあるため、中国政府にとっては格差問題の早急解決は至上命題となっているのです。

〔2〕少子・高齢化

中国はすでに高齢化社会

１９７９年から実施されている「一人っ子政策」によって、中国の合計特殊出生率は１９８０年の２・２人から２００９年には１・５人にまで減少しました。一方、２０１１年末の65歳以上の人口は1億２２８８万人に達し、全人口に占める割合は９・１％と、中国はすでに高齢化社会に移行しています。

少子化対策として、現在、「一人っ子政策」は夫婦が共に一人っ子である場合など制限つきながら徐々に規制が緩和されつつありますが、社会保障制度の整備を含めた政策を同時に実行しなければならず、非常に舵取りが難しいといえます。

〔3〕エネルギー需給

中国は最大のエネルギー消費国

２０１０年の中国の一次エネルギー（自然界に存在するままの形でエネルギー源として利用されているもの）消費量は標準炭換算で32億５０００万トンに達し、２００９年に続いて世界最大のエネルギー消費国となりました。

中でも、原油の消費量は前年比13・１％増の４億３９００万トンと初めて４億トンを突破しました。また、海外からの原油輸入依存度は２００９年に続いて２年連続で50％を超え、53・８％に達しました。石炭の輸入量も近年急増しています。

中国の一次エネルギー消費見通しについて、日本エネルギー経済研究所は今後年率３％で増加し、２０３０年には石油換算で31億３０００万トンにまで拡大すると予測しています。

こうした現状を踏まえ、中国はエネルギー問題の解決策として、海外においてはエネルギー源の輸入先の多様化、エネルギー権益取得のための投資を積極的に行っており、国内では省エネの推進、新エネルギー産業の発展を進めています。

例えば原油の輸入先の多様化です。２０１０年の中国の原油輸入先をみると、中東・アフリカ地域７カ国は全体の65％を占めています。一方、中東・アフリカ以外の地域では、中央アジアのカザフスタンからの輸入が２０１０年には前年比で67・２％増、南米のブラジルが前年比

◆中国の主要国・地域別原油輸入量（2010年）

単位：万トン

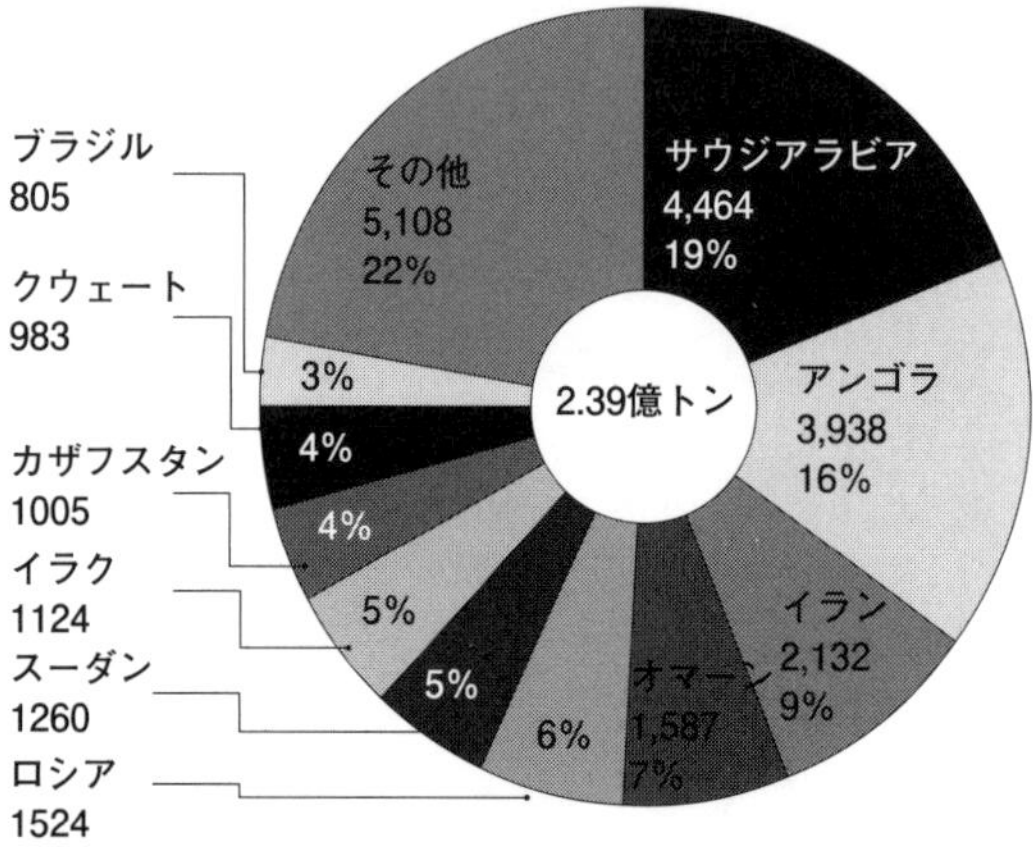

出所：中国税関総署

98・3％増と、輸入先の多様化が顕著です。

中国は海外でのエネルギー権益の獲得も積極的に行っています。2009年は南米ベネズエラとアルゼンチンの石油会社への出資を通じて石油権益の確保を図っているほか、2010年に着工した中国・ミャンマー間の石油パイプラインを通じて、原油輸入先の多様化を図ることで、エネルギー安全保障の確保をめざしているのです。

省エネと新エネルギーの二本立て

省エネルギー対策にも積極的です。中国エネルギー研究会によると、中国のGDP単位当たりのエネルギー消費量（GDP1ドルを生み出すのに必要なエネルギー消費

◆中国の新エネルギー開発目標

電源別	2010年	2015年	2020年
原子力発電	1086万KW	4000万KW	8600万KW
太陽光発電	100万KW	1000万KW	5000万KW
風力発電	4183万KW	1億KW	2億KW

出所：国家エネルギー局ほか各種報道を基に作成

量）は日本の5倍。2010年の中国の一次エネルギー消費量は標準炭換算で32億5000万トンだったのに対し、GDPで同規模の日本はわずか6億6000万トンにすぎません。中国にとって、エネルギー効率の向上が最重要課題の一つとなっています。

このため、中国は「第12次5カ年計画（2011～2015年）」で、GDP単位当たりエネルギー消費量で16％削減を目標に掲げており、今後の省エネ対策の成果が期待されています。

もう一つは新エネルギー産業で、「第12次5カ年計画」の目玉の一つに戦略的新興産業の推進が挙げられます。中でも新エネルギー産業に関わる分野が目立っています。

この産業の対象分野は、次世代の原子力発電、大型風力発電、太陽光発電などの産業設備の建設です。中国政府は、これらの分野に注力することで、一次エネルギー消費量に占める非化石エネルギー比率を2010年の8・3％から2015年までに11・4％、2020年に15％程度に引き上げることを目標としており、今後原子力に加え、風力、太陽光発電への転換が加速すると考えられます。

❸ 中国政府の動き

〔1〕中国共産党政権の行方

2011年3月の全国人民代表大会（全人代）において、呉邦国・全人代常務委員長（日本の国会議長に相当）は、「中国の国情に鑑みて、多党制による政権交代、指導思想の多元化、三権分立および両院制、連邦制、私有化は実施しない」ことを表明し、例年同様に中国共産党の一党独裁による支配体制を今後も引き続き堅持していくことを強調しました。

一方、中国国内には人権や言論の自由、民主化を求める声があるほか、各種格差問題をはじめ、中国共産党員の腐敗問題がまん延するなど、中国共産党の政権基盤を揺るがしかねない状況も事実として存在しています。

まん延する共産党の腐敗

2010年10月、中国共産党の一党独裁体制の廃止と言論の自由、人権保障などを求めて中国各地の著名な知識人や弁護士ら303人が署名し、インターネット上で発表した文書「零八憲章」の起草者の一人でもある劉暁波氏がノーベル平和賞を受賞し、世界的に注目されました。

海外からの民主化要求に対し、中国政府は「中国には独自の民主制度があり、農村部の村長を村民による直接選挙で選ぶほか、中国共産党以外の8政党が中国共産党政府に対し、国政に関する提言や助言を行う制度がある」ことを根拠に反論しています。

こうした言論や人権を求める声以外にも、中国共産党幹部の腐敗問題に対する一般中国人からの大きな不満の声もあります。

2011年1月に開催された中国共産党第17期中央規律検査委員会第6回総会の発表によると、2010年の党紀違反共産党員数が14万6517人に上ることが明らかとなりました。共産党員の腐敗問題に関して温家宝首相は、2011年3月の全人代閉幕後の記者会見で「中国共産党の腐敗が最も危険である」と内外のメディアに対して述べていることから、腐敗の深刻さがうかがえます。

中国共産党による一党独裁体制の継続

次の5つの観点から中国共産党は今後も中国政治の担い手として続くとみられています。

①中国共産党の統治能力が高い（厳格な幹部の選抜手続き・各種問題への対応力・解決力が優れている）
②中国社会における中国共産党の影響力が大きい（2010年末時点の党員数は8026万9000人で総人口のわずか6％を占めるも、政府・軍隊・企業・学校など社会の各分野の指導層は共産党員が掌握している）
③中国内で頻発する各種抗議行動は政権打倒を目的としていない（土地の権利・腐敗・賃金・環境汚染など具体的利害をめぐる争いが多い）
④多くの中国人は中国共産党政権から幅広い自由が与えられていると感じている（思想や政治活動は制限を受けるも、経済活動では幅広い自由が与えられている）
⑤中国人の多くは急激な社会変革を求めておらず、社会変革を行うには安定した社会環境が欠かせないとの認識を持っている

ただし、中国共産党内部では「中国共産党にとって最大の危機は党内分裂にある」ということが強く認識されています。これはすなわち、中国国内に共産党に代わる勢力こそ存在しないものの、いったん中国共産党内部で分裂が生じて事態が悪化すれば、中国共産党政権は崩壊に向かうという考え方です。

最近、「中国共産党内部の民主化の推進を中核とした政治改革の問題」や、「経済成長優先か、まずは格差問題の是正を念頭に置いた経済政策を実施すべきか」をめぐり、中国共産党内部で路線対立が生じているとの見方があります。

また、一部マスコミでは、共産主義青年団出身者の「団派」と、高級幹部子弟の「太子党」との権力闘争が報道されてもいます。

しかし、仮に党内で対立が存在するとしても、「集団指導体制の下での一党独裁の堅持」という点では双方が一致している上、対立はメリットがなく、むしろ対立の激化は政権基盤の弱体化につながりかねないため、ただちに党内分裂に結び付くというよりも、党内における意見の食い違い、あるいは立場の相違ぐらいのものとみたほうが自然といえます。

これらの点から、中国共産党が崩壊する唯一のシナリオは中国共産党内部の分裂といえますが、当面、党内分裂の可能性は低いといえるでしょう。日本が注意すべきは、中東の「アラブの春」のような混乱が中国国内で発生した場合、中国内の中国共産党政権への批判や不満をかわすために、中国政府が国民の支持を得やすい対外強硬的な姿勢を打ち出してくることです。

〔2〕始動する「第12次5カ年計画」

2006〜2010年に実施された「第11次5カ年計画」は、22指標のうち18指標が達成されました。

「GDP成長率」は目標の7・5％を上回る年平均11・2％に達し、「都市部住民1人当たり可処分所得」と「農村部住民1人当たり純収入」の伸び率はそれぞれ目標の5・0％を上回る9・7％、8・9％に達し、経済成長と国民生活改善の目標がおおむね達成されました。一方、目標を達成できなかったのは、

①「GDPに占めるサービス産業の割合」（目標43・5％に対して、実績は43％）
②「総就業人口に占めるサービス産業の割合」（目標35・3％に対して、実績は34・8％）
③「GDP総額に占めるR＆D（研究開発）支出の割合」（目標2・0％に対して、実績は1・8％）
④「GDP単位当たりエネルギー消費削減率」（目標20％に対して、実績は19・1％）

の4指標で、これらが中国にとっての最重要課題となっています。

輸出はともかく消費拡大をめざす

◆「第12次5カ年計画」の骨子

経済成長	安定的かつやや速い 経済成長 全体的な物価水準の 安定 雇用の持続的増加 国際収支の基本的均衡	改革開放の深化	租税（環境税・不動産 税導入）、財政、金融、 独占業種など重要改革 政府の行政効率の向上 外資導入の推進
都市・農村住民の所得増	個人所得がＧＤＰと同率 で増加 低所得者の所得の大幅増 中間層の持続的拡大	社会建設の強化	基本公共サービス・ システムの整備 （年金・医療保険改革） インフラ整備 法制度の充実
経済構造の戦略的調整	個人消費のGDPシェア の向上 都市化率の向上 省エネ経済構造の追求、 汚染物質の削減	戦略的新興産業の推進	①省エネ・環境産業 ②次世代情報技術 ③バイオテクノロジー ④先端レベルの設備構造 ⑤新エネルギー ⑥新素材 ⑦新エネルギー車

出所：中国政府資料を基に作成

現在、中国が抱える問題は主に次の3点に集約できます。

①都市と農村の所得格差が依然として存在している

②資源浪費・環境破壊の深刻化により経済・社会の持続的発展が危惧されている

③社会保障制度の不備などによる家計高貯蓄率（2008年28・8％）が内需拡大を阻害している

こうした諸問題に対応するた

めに、前頁の表で示した6つの側面で政策の骨子が打ち出されています。これらの政策の全体としての狙いは経済成長モデルの「転換」にほかなりません。

ここでいう「転換」とは、従来の「投資と輸出に依存した成長モデル」から「消費と投資と輸出のバランスがとれた成長モデル」に変えていくことを意味しています。このため、今後の財政支出は、上記成長モデル転換の実現をめざし、特に長期的な消費拡大を可能にする仕組みづくりに投じられることになるでしょう。

インフラ建設から消費拡大にシフトする「第12次5カ年計画」

中国政府は2008年以降、米国発金融危機の悪影響を抑えるために各種消費刺激策を打ち出しましたが、いずれも財政出動による、緊急的に消費を下支えするものでした。第12次5カ年計画では、長期的な消費拡大を実現するための仕組みづくりとして、所得増加の推進が強調されており、中国政府は今後、最低賃金引き上げ・個人所得税の課税最低額の引き上げなど、可処分所得の増加を図る方針です。

さらに、消費拡大に向けて2015年の小売売上高を2010年実績の15・4兆元（約198兆円）から30兆元に倍増させるという「消費倍増計画」（中国語で「国内貿易発展計画」）も打ち出されました。

「第12次5カ年計画」における政府支出の重点は、これまでの「インフラ建設」から「消費拡大と戦略的新興産業の推進」にシフトすることになるでしょう。

一方、「成長モデルの転換」目標の実現に向けて、中国政府は地方政府の幹部人事に対する新たな業績評価制度を導入し、各種政策の実効性を高める方針を打ち出しました。評価の重点はこれまでの「GDP成長率一辺倒」から、「産業構造の転換」「GDP単位当たりエネルギー消費削減」「汚染物質排出削減」などに移すものであり、地方政府が中央政府の方針を地方の具体的政策に反映させる手段として、その効果が期待されています。

中国は、冒頭に述べた格差や環境、社会保障などの各種問題を抱えながらも、これまで高い経済成長を維持し、米国発金融危機後の世界経済を引っ張ってきました。「第12次5カ年計画」期間中にこれらの問題を段階的に改善しつつ、中国政府がめざす成長モデルの転換によって、今後も引き続き世界経済のけん引役としての力を発揮することが期待されています。

5　巨象、インド

1991年のインド通貨危機を転機に、自主的に自由経済へと舵を切り、ゆっくりと、着実に発展への道を歩いているインド。

人口12・2億人を支える政治は安定的で、評価も高い。

国民の旺盛な消費意欲は「実需のアジア」の象徴だ。

この章の読みどころ

〔 インドの全方位外交 〕

インドは米国と経済、環境、テロ対策での連携や原子力協力の迅速な実施など協力関係を強化することで合意。また、ロシア、中国、カザフスタン、キルギス、タジキスタン、ウズベキスタンの６カ国で構成する上海協力機構にオブザーバーで参加。中国・ロシアとも協力関係を結んでいる。日印関係も良好だ。全方位外交を行うインドの「外交力」を感じよう。

〔 拡大が続く消費 〕

2010年の自動車販売台数は前年比34.２％増の303.9万台と過去最高を記録。2010年12月には携帯電話加入数が約７億5250万人となり、過去１年で２億件以上の加入があった。農村部でも自動車、家電、携帯電話などの消費ブームが始まっており、まだまだ伸びしろは十分にあるだろう。

〔 懸念材料 〕

労働人口の大半を占める総人口の７割程度が農村に住み、農業部門から工業など他の産業への大規模なシフトが円滑に進んでいない。また、インフラが未整備で整備計画の遅延、製造業分野における人材不足、法運用・手続きの煩雑さ・不透明さ、投資に関する情報不足…、インドと付き合うなら問題の改善速度が遅いことも計算に入れなければ。

第5章

巨象、インド

インドは、これまで宗教や思想の違いによる政治的な対立による不安定さを抱えていました。１９９１年にはラディブ・ガンジー元首相の暗殺事件が発生するなどし、通貨危機が発生。これを転機に、自主的に自由経済へ舵を切り経済発展の道を歩み始めます。１９９８年のアジア通貨危機の影響も軽微で、経済学者であったシン首相が２００４年に就任してからも高い成長を遂げています。

かつて英国の植民地であったため公用語である英語を話せる人材が多いことも特徴です（公

用語はヒンディー語）。近年、海外からの投資が多く入り国民の生活水準が向上するにつれ、その巨大な人口がパワーとなって表れ始めました。

地理的にもアジアだけでなく、中東や欧州への玄関口として優位なポジションにあり、ゆっくりと、しかし着実に歩み始めた巨象インドは、政治・経済両面で無視できない影響力を発揮しつつあります。

1 改革で成長加速

〔1〕安定感を増し、評価の高いインド政治

1991年に、従来の閉鎖的な経済から市場経済導入に転換したインド。その後、民間企業が順調に成長しています。

政治的には、建国の父マハトマ・ガンジーをはじめ、幾多の指導者が暗殺された過去を持ち、これが経済成長を阻害する面もありました。

一方、2008年の米国発金融危機に端を発した世界不況に対しては、農村部を含めた内需

が回復に貢献し、いち早く立ち直りをみせました。この背景には、２００４年の総選挙で農村重視をうたった国民会議派が政権を奪還し、シン首相の下、農民や零細商工業者の所得向上に努めていたことが挙げられます。

２００９年５月の総選挙では、シン首相率いる国民会議派を中心とする統一進歩同盟（ＵＰＡ）が勝利しました。連立に参加した地方政党を合わせ、ＵＰＡは議席の半数を大きく上回る３２２議席を確保し、２期目（任期５年）を迎えたシン政権は政治基盤の強化に成功しました。

シン現政権は、金融危機発生後にいち早く自動車物品税の減税や利下げなどの景気刺激策を機敏かつ効果的に打ち出し、国内景気の大幅な後退を回避しました。こうした手堅い経済運営についても内外から評価が高まっています。

産業構造も、従来のＩＴ産業を中心とするサービス産業に加えて、自動車、鉄鋼などの製造業の躍進が目立ちます。２００９年度はＧＤＰ構成比で、史上初めて製造業の割合が農林漁業の割合を上回りました。

貿易では、欧州・中東欧向けの輸出が２０１０年の輸出全体の約25％を占め、欧州経済の減速による影響が懸念されます。

〔2〕めざすは全方位外交

外交面では２００８年秋のムンバイ・テロ事件発生後、パキスタンとの関係が冷え込みました。２０１０年2月、両国の外務次官が1年7カ月ぶりに公式協議を実施し、続く4月には両国首相が南アジア地域協力連合首脳会議を機に会談し、今後の協議継続で合意したものの、関係改善は大きく進展していません。

シン首相は２００９年11月に訪米し、オバマ大統領と会談しました。経済、環境、テロ対策での連携や原子力協力の迅速な実施など、両国の戦略的な協力関係をさらに強化することで合意。反米姿勢を続けるイランの封じ込めや、アフガニスタンにおける対テロ作戦上、米国はパキスタンを重視せざるを得ません。

他方、米国は印米原子力協力協定に沿った原子力発電などのビジネスの進展も期待しています。米国との間の微妙なバランス外交の中で、印パ関係の先行きは今後も注目されていくでしょう。

一方で、インドは、ロシア、中国、カザフスタン、キルギス、タジキスタン、ウズベキスタンの6カ国で構成する上海協力機構にオブザーバー参加するなど、中国・ロシアとも協力関係を結んでいます。特に中国とはチベット問題で長年敵対してきただけに、昨今の関係改善は非常に注目されます。２０１１年１月発効のＡＳＥＡＮ、韓国とのＦＴＡにより、アジアとの貿易がさらに拡大するとみられています。

日印関係も良好で、２０１１年８月に日印ＥＰＡを発効しました。２０１１年12月には野田首相が訪印し、日印原子力協定交渉が進みました。

また、詳しくは第7章で述べるデリー・ムンバイ間産業大動脈構想も、着実に進展しています。

❷ 製造業中心に回復

〔1〕堅調な成長を続ける消費と貿易

インド経済は、２０１０年前半から堅調な成長を続けています。

中央統計局が発表した２０１１年7～3月期の実質ＧＤＰ成長率は前年同期比６・９％となりました。注目すべきは、２０１０年以降は全産業部門でプラス成長を記録している点です。

モンスーン（雨期）の雨量が例年並みとなったため、農業生産が堅調に推移し、２０１０年以降の金融引き締めにもかかわらず、個人消費を中心とした内需も旺盛に推移し、製造業の生産拡大も続いたことが要因です。

この年前半の猛暑によってエアコンの販売、年後半に開催された英連邦競技会によってテレビの販売が好調でした。また、全般的に、耐久消費財全般の販売が伸びました。

主要輸出先である米欧経済は不透明感を高めているものの、韓国やＡＳＥＡＮとのＦＴＡ締結によって貿易関係が強化されています。アジア向け輸出は底堅く推移しており、輸出を下支えしています。

内需を核に、製造業が躍進

特に自動車部門は、自動車税率の引き下げや超廉価小型車の投入によって販売が伸長。こうした需要増によって、内外企業は増産強化や新工場の稼働の前倒しに動き、自動車生産は急拡大しています。

製鉄も、自動車鋼板や建設資材の需要増を反映して生産増を継続中です。また、ＧＤＰの約２割弱を占める農業は、２００９年度は降雨不足によって主要作物の収穫量が低下したため、通年で０・２％の低成長となりましたが、２０１０年度には豊富な降雨に恵まれ、通年で６・６％と急回復しました。

◆産業別実質GDP構成比

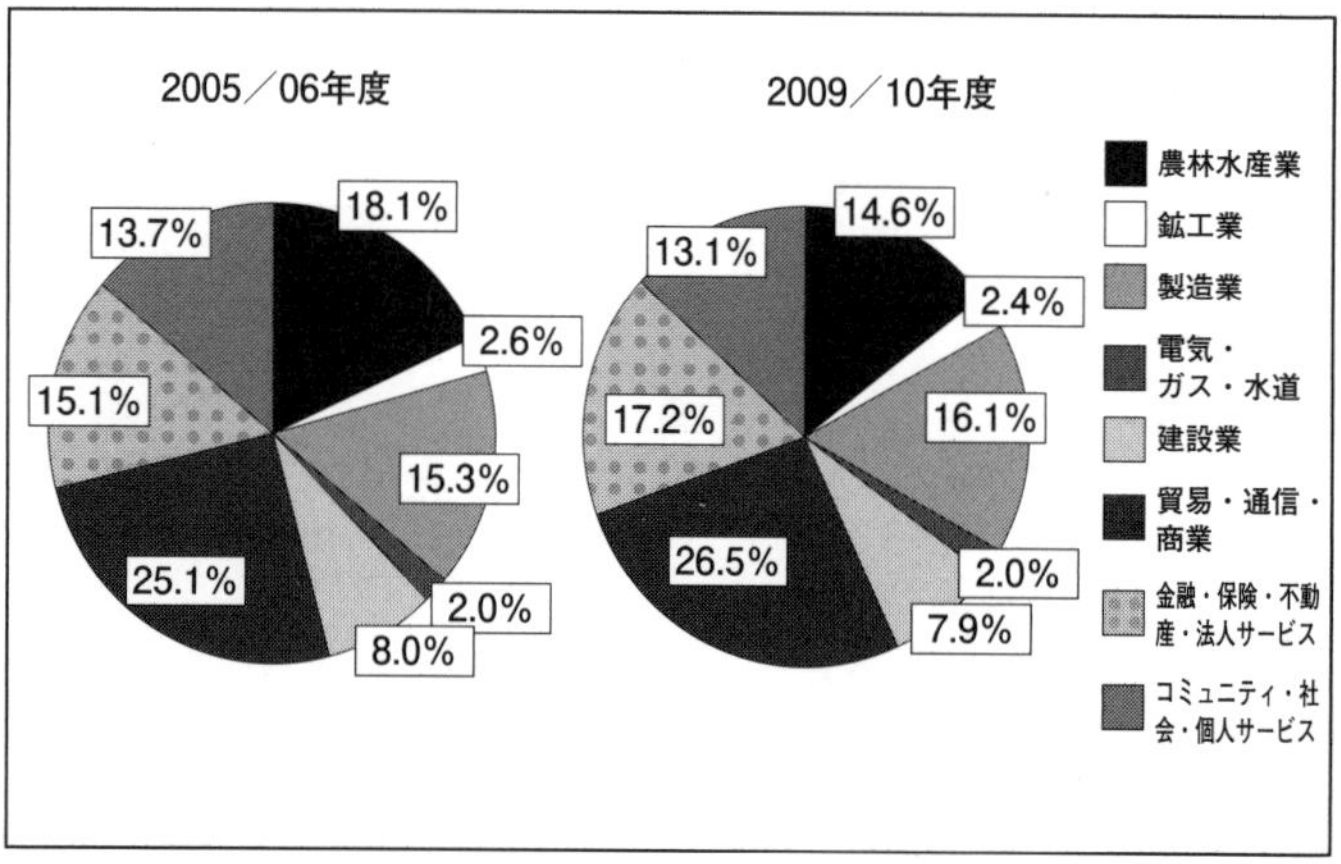

※GDPは2004/05年度基準
出所：CEIC

このように、製造業の生産拡大を反映し、産業構造も変容しつつあります。

インドのGDPに占める製造業の割合は、2009年度に史上初めて農林水産業を上回りました。これまでの経済成長はITなどGDPの約5割を構成するサービス業がリードしてきましたが、自動車や家電を中心とした海外企業の投資を追い風に、製造業が急速にウエートを増しています。

2009年度のGDPのうち、製造業は16・1%を占め、農林水産業の14・6%を上回りました。この結果、全産業の中で製造業は、第1位の貿易・通信・商業（26・5%）、第2位の金融・保険・不動産・法人サービス（17・2%）に次いで3位の産業部門に躍進しています。

中期的には、内需を中核とした成長路線

を着実に進行させており、インド経済は外部環境の変化に左右されない成長が期待できるでしょう。

〔2〕拡大が続く消費

インド経済は、近年、中間層の所得増に伴って民間消費の拡大が継続しています。これまで消費の中心であった都市部のほか、農村部でも、自動車、家電、携帯電話などの消費ブームが始まっています。

自動車市場の激しいシェア争い

インド自動車工業会の発表によると、2010年の自動車販売台数は前年比34・2%増の303・9万台と過去最高を記録しました。特に新車全体の8割を占める乗用車が前年比31・5%増の238・6万台となるなど大幅増。2011年3月の販売台数は24・6万台で、前年同月と比べると24%もの伸びでした。

2011年に入り、金利引き上げにより、その伸びはやや鈍化しているものの、依然2桁増

◆インド自動車販売台数の推移

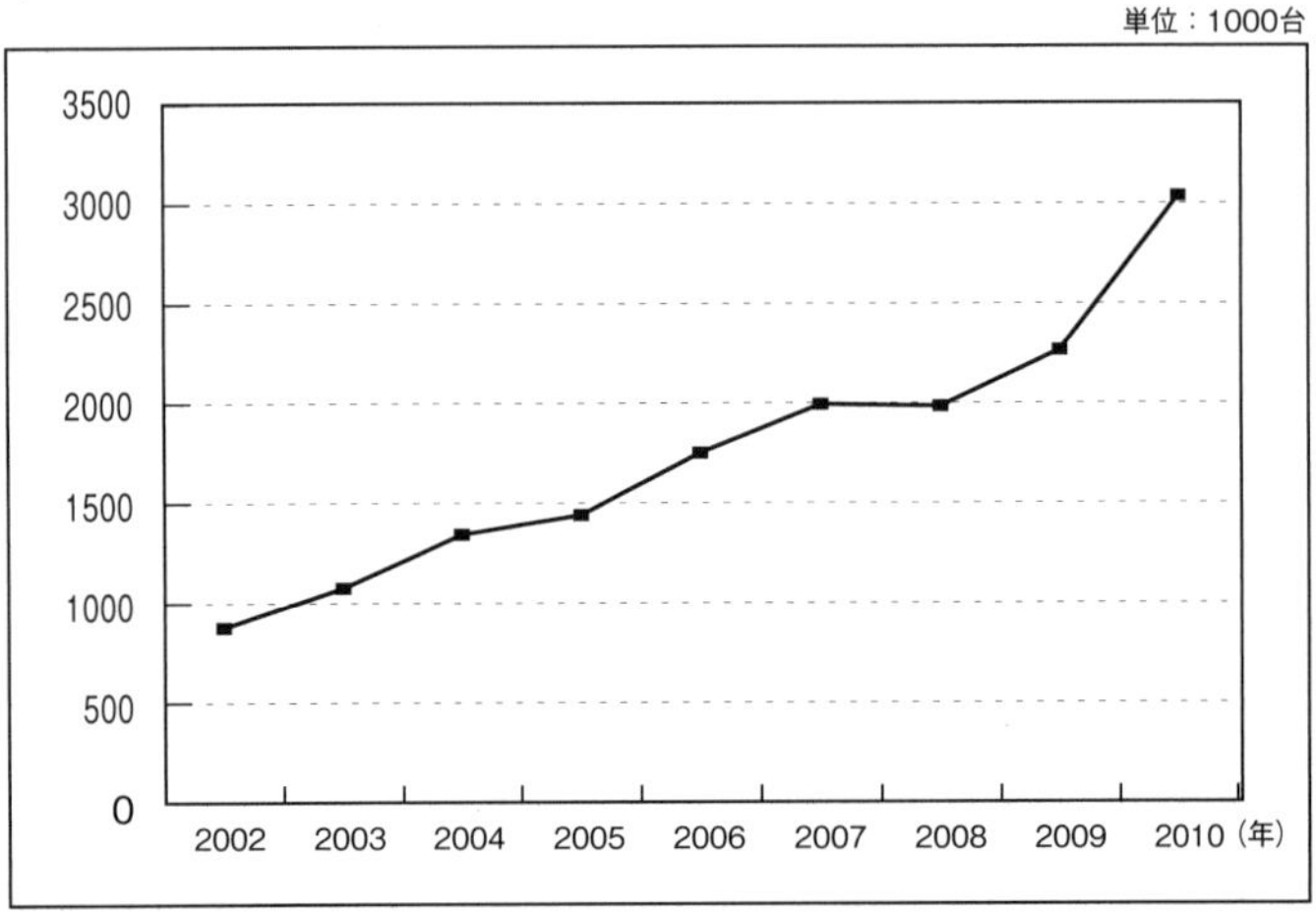

出所：インド自動車工業会

で拡大傾向を続けています。

この販売好調の背景には、２００９年に、タタ・モーターズが「ナノ」という廉価小型車を投入し人気を集めたことがあります。「ナノ」は中間所得層向けの低品質車で、二輪車ユーザーにも手が届く価格帯。自動車市場では、これに対抗すべく各社が低価格小型車を相次いで投入し、二輪車メーカーも巻き込んだ激しいシェア争いが展開されています。

外資系企業の競争激化。インドの携帯端末市場

携帯電話事業の伸びも顕著です。

2008年末に携帯電話加入者数が3億人に達し、2009年以降も毎月1500万〜1800万人のペースで増え続けています。2010年12月には約7億5220万人となり、この1年で2億件以上の加入があったことになります。

競争の激化によって通話料金の引き下げや携帯端末の価格低下に支えられ、2011年内には8億人に達した可能性があります。

しかし、秒単位の料金体系導入などによって、料金収入の低下などの課題も浮上しています。とはいえ、2010年5月、NTTドコモが出資するタタ・テレサービシズや最大手バルティ・エアテルなど大手各社は、次世代（3G）の携帯電話サービスを落札し、2010年12月からは3Gの導入が開始されています。この導入が付加価値の高いサービスの提供と、収益性の向上につなげることができるかどうかが、各社の課題といえるでしょう。

一方、携帯電話端末市場では、外資系企業が攻勢を強めています。約6割の市場シェアを占めるノキアは、低価格から高価格製品までの多様な品ぞろえのほか、世界同時となるインド市場への最新モデル投入など、流行に敏感で消費をリードする若年層に的を絞っています。

◆インド携帯電話加入者数の推移

単位：100万人

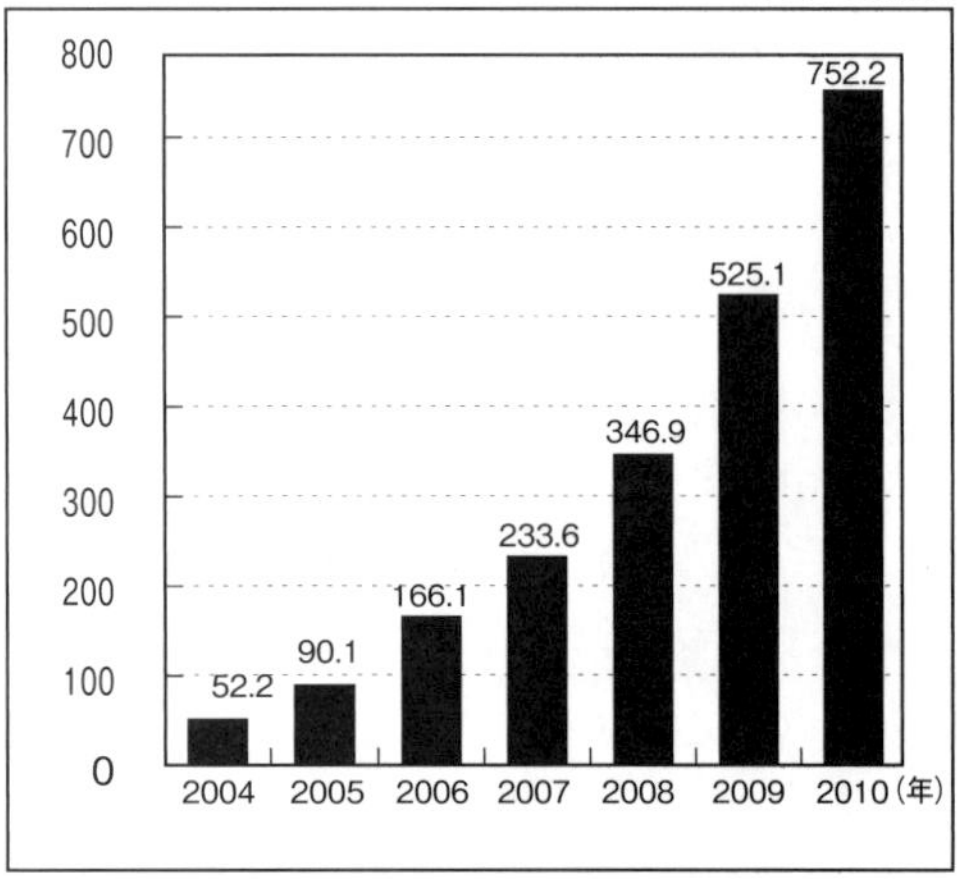

出所：電気通信管理局（TRAI）

サムスン電子も、農村など電力供給がまだ難しい都市部以外の消費者向けに、太陽光で充電可能なモデルを投入し、市場シェア競争は激化の一途です。こうした中、さらに廉価版で地元仕様の中国ジェーファイブ、インド地場のマイクロマックスがシェアを伸ばしており、さらなる販売競争が予想されます。

白物家電の需要が消費を後押し

家電製造業協会によれば、２０１０年のルームエアコン販売台数は前年と比べて39％増の３

88万台と高い伸びを示しました。特に、例年より早く猛暑が到来したため、需要期間が長くなったことが販売好調につながったようです。

また、製氷機・冷凍庫のない低価格冷蔵庫の販売が空前の売れ行きを記録。さらに、2010年は秋に英連邦競技会がインドで開催されたことから、液晶テレビの販売も急伸。2010年の液晶テレビの販売台数は、前年の150万台から300万台に倍増しました。こうした急成長の一因は、エアコンの普及率が2010年末時点でも約20%弱といまだに低いことといわれています。

白物家電に強い外資系企業は韓国です。インドの現地ニーズに合わせた製品開発を展開するLG電子とサムスン電子は、両社で家電市場（テレビ、洗濯機、冷蔵庫、電子レンジ）の約50%を上回るシェアを確保しています。

〔3〕リーマン・ショック以前の水準へ戻る貿易

2008年秋のリーマン・ショックの影響により、2009年のインドは輸出入ともに減少しました。

しかし、2010年については、輸出が前年比519億ドル増の2186億ドル、輸入が前

◆ インド輸出入の推移

単位：10億ドル

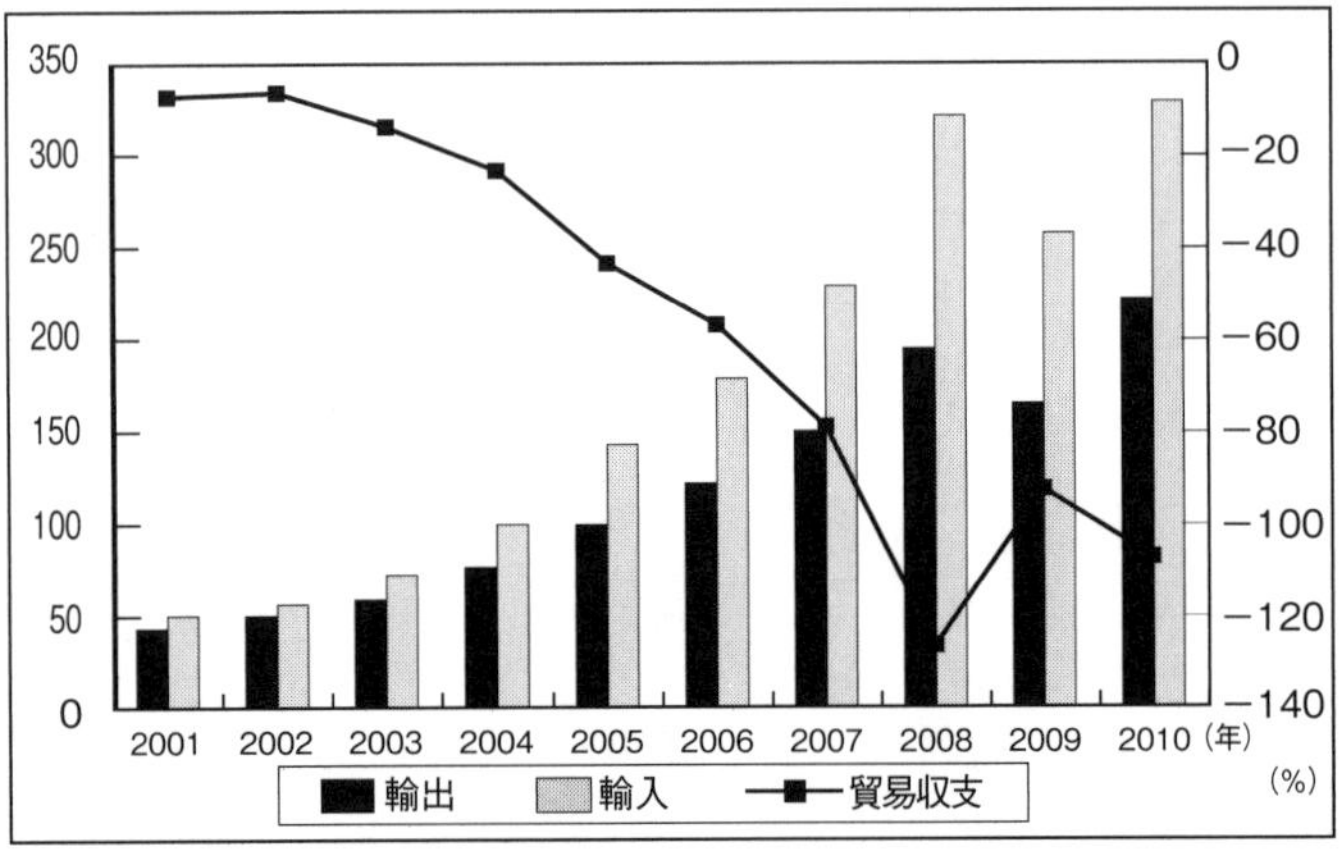

出所：CEIC

年比665億ドル増の3236億ドルと急回復。インド商工省は、輸出は中国やアジア向けの石炭や鉄鉱石といった素材が伸び、輸入は、内需増を背景に、家電や金・宝飾品といった消費財全般が急伸したとのコメントを出しました。

成長軌道にシフトした輸出入

輸出は、2008年10月以降に急減速し、2009年前半は前年同期の水準を大幅に下回りました。しかし、2009年後半には前年同期を上回る水準にまで回復。2010年に入ると、輸出は素材価格の上昇傾向を追い風に、リーマン・ショック以前の水準を上回って推移しました。2010年の輸出は2168億ドル(前年比519億ドル増)となりました。前年の反動を勘案する必要はあるものの、輸出は回復基調から成長軌道にシフトしたといえるでしょう。

一方、輸入も2008年10月以降急減速し、2009年9月まで前年同期を下回ったあと、2009年10~12月に前年同期比で若干増に転じました。2010年に入ると輸出同様、前年の反動もあるものの、民間消費の盛り上がりを反映した耐久消費財の輸入や国内製造業部門の持ち直しを背景とした資本財、中間財の輸入増に伴い、輸出を上回るペースで伸長しています。2010年の輸入は3236億ドル(前年比665億ドル増)となっています。

インド政府は2011年度(4~3月)輸出目標を3000億ドルに設定し、上半期の輸出は前年同期比約41%増の1510億ドルと目標達成に向け順調に推移しています。一方、上半期の輸入は前年同期比34%増の2367億ドルとなっています。貿易赤字は856億ドルと前年同期比24％と赤字が増大しました。

対米ドルで加速したルピー安の影響もあり、輸出面において若干鈍化がみられるものの、輸出の目標は達成可能と目されています。

輸出入別にみると、輸出面ではダイヤモンドや金など貴金属を輸出する最大の相手先米国が第1位、同じく輸出品が多いＵＡＥが第2位です。鉄鉱石や石油製品を輸出する中国は3位とその位置を上げています。

輸入面では、家電や建設用鋼材などの輸入先である中国が第1位、原油の調達先であるＵＡＥが第2位、航空機の輸入先である米国が3位です。ここ近年はＵＡＥのほか、原油の調達量の増加と原油価格の高止まりによって、サウジアラビアやイランなどの中東産油国が上位にランク入りしています。

欧州、中東・アフリカ向け輸出の製造拠点として

インドの貿易増を制度面から支えるＦＴＡ、包括的経済連携協定も、日本、ＡＳＥＡＮ、韓国、シンガポール、タイと締結しているほか、オーストラリア、ＥＵとは交渉中です。貿易・投資面では、特に東アジアとの関係強化に動く意図がうかがえます。

インドの輸出シェアを２０００年度と２０１０年度の対比でみると、ＥＵ向けが23・９％か

◆インド国別輸出入額（2010年、上位10カ国）

【輸出】

単位：億ドル

1	米国	275
2	UAE	250
3	中国	177
4	香港	89
5	シンガポール	87
6	英国	64
7	ドイツ	64
8	オランダ	44
9	ベルギー	44
10	ブラジル	41
	総計	2186

【輸入】

単位：億ドル

1	中国	440
2	UAE	220
3	米国	204
4	サウジアラビア	196
5	豪州	159
6	イラン	133
7	シンガポール	133
8	インドネシア	111
9	香港	97
10	日本	96
	総計	3236

出所：CEIC

ら18・6％に、北米向けが24・3％から10・7％にそれぞれ減少する中で、アジア・大洋州諸国向けは25・9％から26・8％に拡大しています。アジア・大洋州諸国からみると、インドは約12億人を擁する市場としての認識と、生産では、地場向けのみならず、欧州、中東・アフリカ向け輸出の製造拠点として位置づけられているのです。

一方、インドにとってのアジア・大洋州諸国は、同国の強みであるＩＴ産業、金融といったサービス産業の仕向地として浮かび上がりました。さらには携帯電話、二輪車に始まる工業製品の輸出により、経済的結び付きが強まりつつあります。

２００９年は、３８２億ドルの赤字を計上するなど、現状ではインドのアジア・大洋州諸国との貿易赤字幅は増大していますが、製造業が成長してきているインドでは、ＦＴＡを活用し、中長期的にはアジア・大洋州諸国との生産ネットワークの形成やサービス輸出のさらなる拡大を通じて、貿易収支が均衡していくと期待されています。

〔4〕減少した対内投資

インド商工省によると、２０１０年度の対内直接投資額は、前年度と比べて24・８％減少の１９４億２７００万ドルとなりました。欧州を中心とした世界的な景気回復の遅れが影響したとみられます。

とはいえ、２０１０年度の投資額は、10年前の２００１年度と比べると約８倍にもなりました。２００６年度の55億４０００万ドルから、２００７年度の１２４億９２００万ドルに倍増したあとは、１００億ドル台を超える水準が続いています。

高い水準を維持する対内直接投資

業種別に見ると、サービス（金融・保険）は、大幅増となった２００８年と比べると減少したものの、依然として２００７年までの年間投資額を大きく上回っています。内需拡大を背景に近年大幅に増加している住宅・不動産、通信、建設、電力、自動車分野への投資は、２００９年以降増加を続けています。

国別に見ると、タックスヘイブン（外国企業に対して税制上の優遇措置をとる国または地域）のモーリシャスからの投資が約4割を占めています。これは主に米国や英国の企業による、同国経由の資金流入と推測されます。

また、近年はシンガポールからの投資が急激に増加。その背景には、２００５年8月の２国間でのＦＴＡの発効があります。モーリシャスやシンガポールからの投資は、２００８年に大きく拡大し、２００９年は小幅減少となりましたが、依然として２００７年までの年間投資額を上回る水準を継続しています。

２００９年は、日本やＵＡＥのように、これまでやや実績の低い国からの投資が前年を上回りました。日本は自動車・同部品を中核とした製造業による追加投資や新規進出が加速しています。

例えば、スズキが第3工場、トヨタも第2工場を建設中で日産は新工場を4月に稼働させています。ＵＡＥは、活況を呈する株式市場や不動産市場へ資金を投入したようです。

２０１０年前半も、情報通信部門における大型設備のほか、自動車や自動車部品、家電分野で、日本・韓国に加え、欧州企業の追加生産に向けた投資が相次いで発表されています。自動車部品企業協会によれば、２０１０年度の同業界投資額は前年度約３割増しの総額９２１億ルピーが投じられたとみられています。当面、インドの対内直接投資は堅調な推移が見込まれています。

ただし、政府が内外企業の投資促進に力を入れているものの、インド国内では労働人口の大半を占める農業部門から工業などほかの産業への大規模なシフトが円滑に進んでいません。２０１１年でも総人口の７割程度が農村に住み、労働人口のうち約６割は依然として農民のまと推定されているのです。

このほか、対インド投資に二の足を踏む海外企業の中には、インフラが未整備であることや、その整備計画の遅延、製造業分野における人材不足の問題点やその改善速度が遅いこと、法運用・手続きの煩雑さ・不透明さ、投資に関する情報不足、労働問題などを指摘する声が多数あります。

121　　巨象、インド

6

経済統合で力増すアジア

昨今、ニュースでFTAやTPPという単語を聞かない日はない。
FTAとは特定の国の間で関税の撤廃を行うことを柱とする協定であり、
TPPはアジア・太平洋地域におけるFTAAP創設に向けた布石としてのFTAだ。
自国が少しでも有利になるよう（あるいは不利にならないよう）交渉は続く。

この章の読みどころ

〔 増加するＦＴＡ 〕

WTOによると、1980年代まで17件だったFTAの件数は、2010年12月現在200件ほどに増えた。増加の背景は、WTOにおいて多国間での貿易自由化の進展が期待できないことや、新興国の経済成長の恩恵を享受しようとする国が増えたこと、ＦＴＡを結んでいないことで貿易促進が遅れるデメリットを回避しようとする国が増えたことが考えられる。

〔 日本のＥＰＡ 〕

日本では、日本が結ぶものをFTAではなくEPAと呼ぶ。日本政府はアジアでの事業を制度面から支援し、多くの企業が生産ネットワークを拡充している。政府は「国を開く」決意を固め、これまで以上に積極的にＥＰＡ締結を推進する方針だ。

〔 拡大ＴＰＰ 〕

シンガポール、ブルネイ、ニュージーランド、チリに、米国、オーストラリア、ベトナム、マレーシア、ペルーが加わって拡大TPPの交渉が2010年3月から始まっている。日本も交渉参加に向けて関係国と協議に入ると表明したが、その前途は多難。今後、日本政府がTPPと農業保護を両立させる政策をどのように立案するか注目しよう。

第6章 経済統合で力増すアジア

❶ 増加する世界のFTA

〔1〕FTAの背景

WTOによると、世界の発効済みFTAは、現在200件ほどです。1980年代まで17件

◆世界のFTA件数の推移

単位：件

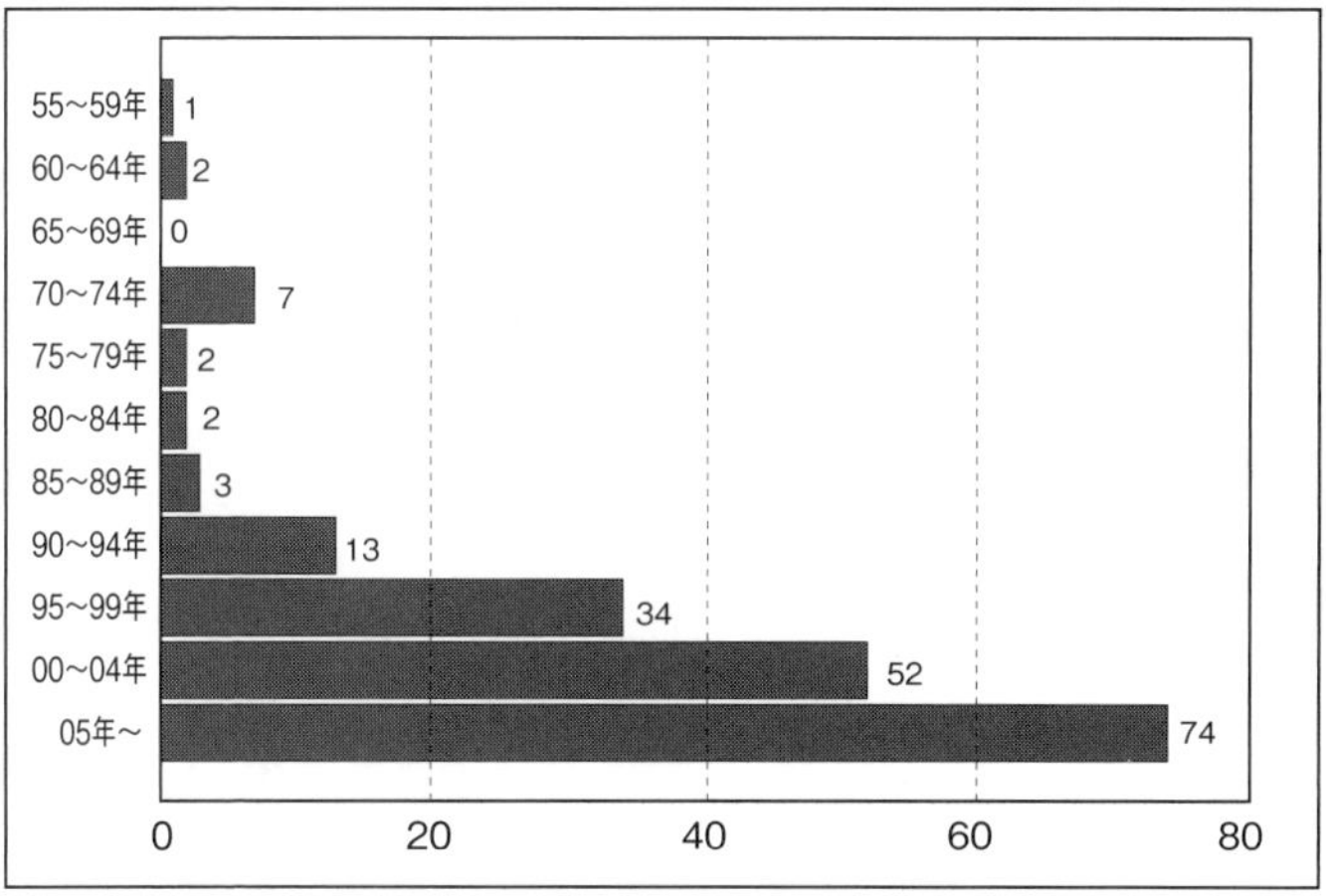

出所：WTOホームページ

と少なかったＦＴＡの件数は、１９９０年代には47件も増加しました。

この要因としては、

①１９８６年から１９９５年にかけてＧＡＴＴ（関税と貿易に関する一般協定）のウルグアイ・ラウンドが停滞した

②それまで閉鎖的であった途上国の多くが経済開放路線にシフトした

③欧州でＥＵが誕生し、米国とカナダ、メキシコによってＮＡＦＴＡ（北米自由貿易協定）が発効するなど、世界の各地で地域主義的な流れが加速した

などが挙げられます。

２０００年代にはさらに１２６件増加し、ＦＴＡ締結は世界的な潮流となりまし

た。この背景には、ＷＴＯのドーハ・ラウンドが停滞し、多国間での貿易自由化の進展が期待できないことや、新興国の経済成長の恩恵を享受しようとする国が増えたこと、ＦＴＡを結んでいないデメリットを回避しようとする国が増えたことが考えられます。

現在も交渉中の案件は多数あり、ＦＴＡは今後も増加すると見られています。

〔2〕FTAの特徴

ＦＴＡは、特定の国の間で関税の撤廃を柱とする協定ですが、最近ではサービス貿易の自由化や投資の保護・自由化、知的財産権の保護、ビジネス環境整備、人の移動などの分野に関しての規律も見られます。

ＦＴＡは、少数の締約国間で関税を撤廃するなどによりほかの国を差別する国際約束であるため、ＷＴＯ協定の一部であるＧＡＴＴ第１条の最恵国待遇に反しますが、第24条にある、以下の３点の要件を満たせば例外として認められています。

①関税撤廃は妥当な期間（発効から10年間）のうちに行う
②締約国以外の国との貿易に対する障害を引き上げない（例えば第三国に対する関税率の引き

上げ）

③実質的にすべての品目の関税を撤廃する

③の「実質的にすべて」について、明確な定義はありません。貿易品目数の9割以上、もしくは貿易額の9割以上を占める品目のいずれかを満たすことでクリアしたとみなされる場合が多いようです。

❷日本のEPA

〔1〕EPA政策

EPAもFTAの一種ですが、日本では、日本が結ぶものをFTAではなく、EPAという名称で呼んでいます。

多様化する日本の対外経済関係

◆日本の貿易収支と所得収支の推移

単位：億円

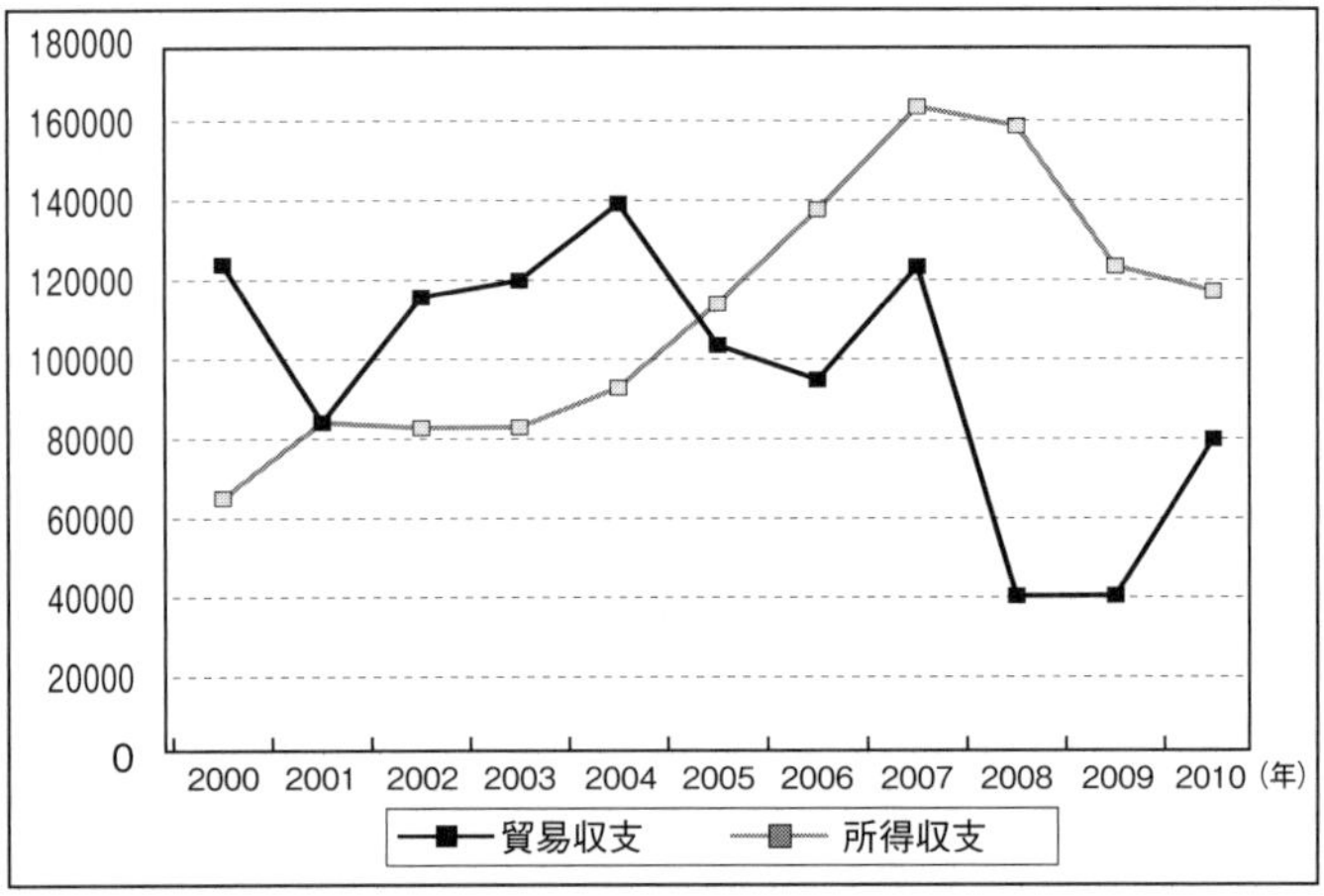

出所：財務省国際収支統計

日本の対外経済関係は貿易だけにとどまらず、外国への投資や、投資を行った国における事業活動も含めて多様化しています。それは、日本で配当や利子など投資による収益の収支を表す所得収支の黒字額が、貿易黒字をすでに上回っていることからもわかります。

ＥＰＡは、物流、サービス貿易の自由化、投資の保護と自由化、ビジネス環境整備、協力といった、多様な分野における連携強化を目的に構成されています。

日本は１９９０年代まで、ＷＴＯだけの通商政策をとっていました。しかし２０００年代に入ると「ＥＰＡはＷＴＯを補完する」という考えから、ＥＰＡの締結へと政策転換を行いました。相手として重視したのは、ＡＳＥＡＮ加盟国を中心とするアジアの国々です。

日本は少子・高齢化により以前のように高い経済成長が期待できないため、多くの日本企業が成長目覚ましいアジアに進出し、生産ネットワークを拡充してアジアとの経済連携を進めています。日本政府は、アジアにおける日本企業の事業活動を制度面から支援しているのです。日本は、2010年11月の閣議で「包括的経済連携に関する基本方針」を決定しました。「『国を開く』決意を固め、高いレベルの経済連携を進める」ためです。これまで以上に積極的にEPAの締結を推進する方針です。

〔2〕日本の各EPAの現状

日本の発効済みの12件のEPAのうち、アジア諸国を相手にするEPAは9件です。署名済みの案件は1件(ペルー)、交渉中が1件(豪州)、中断中が2件(韓国、GCC:アラブ首長国連邦、バーレーン、クウェート、オマーン、カタール、サウジアラビアの6カ国で構成される湾岸協力会議)、事前協議中が1件(EU)、研究完了が2件(日中韓、モンゴル)、研究中が2件(カナダ、コロンビア)です。

◆EPAの締結状況

発効済み	シンガポール（02年11月）
	メキシコ（05年4月）
	マレーシア（06年7月）
	チリ（07年9月）
	タイ（07年11月）
	インドネシア（08年7月）
	ブルネイ（08年7月）
	ASEAN10カ国（08年12月）
	フィリピン（08年12月）
	スイス（09年9月）
	ベトナム（09年10月）
	インド（11年8月）
署名済み	ペルー
交渉中	豪州
中断中	韓国
	GCC
事前協議中	EU
研究完了	中国、韓国
	モンゴル
研究中	カナダ
	コロンビア

注：カッコ内は発効年月。GCCは湾岸協力会議（Gulf Cooperation Council）。加盟国は、アラブ首長国連邦、バーレーン、クウェート、オマーン、カタール、サウジアラビアの6カ国
出所：外務省ホームページ

日本および他国の貿易に占めるＦＴＡ発効済み国との構成比をみてみましょう。

日本は16・５％なのに対しＮＡＦＴＡに加盟している米国は34・４％で、域内貿易が多くを占めるＥＵは73・８％です。２０１５年の経済共同体の創設をめざすＡＳＥＡＮ各国は、軒並み50％以上と日本より先行しています。

韓国は14・４％、中国は11・４％と日本より遅れていますが、韓国は２０１１年７月にＥＵとのＦＴＡが発効し、米国ともＦＴＡが発効すると35・２％となり、日本を大きく引き離すこ

とになります。

◆主要国の貿易に占めるFTA
発効済み国の構成比

単位：%

日本	16.5
米国	34.4
EU	73.8
韓国	14.4
中国	11.4
シンガポール	65.9
タイ	55.8
インドネシア	63.9
マレーシア	60.2
フィリピン	51.5
ベトナム	59.3
豪州	28.0
NZ	45.0

※輸出入合計を基にした構成比。2009年
出所：「本格活用時代を迎えたアジア大洋州FTA」2010年10月、JETRO

❸ アジアの主なFTA

近年、アジアでは多くのFTAが結ばれています。その主なものを挙げてみましょう。

〔1〕AFTA

ASEAN諸国間のFTAであるAFTA（ASEAN自由貿易地域）は1992年の発効

後、段階的に域内関税を削減してきました。

当初は先行6カ国（シンガポール、マレーシア、インドネシア、タイ、フィリピン、ブルネイ）でスタートしました。その後CLMV（カンボジア、ラオス、ミャンマー、ベトナム）諸国がASEANに加盟したのに伴って参加国が増加。現在はASEAN加盟10カ国で構成されています。

2010年1月には、先行6カ国がASEAN加盟国に対する関税を原則撤廃しました。残るCLMV諸国も、2015年までに原則撤廃することになっています。

〔2〕ASEAN＋1の各FTA

ASEANと周辺諸国のFTA発効は、中国が2005年7月、韓国が2007年6月、オーストラリアとニュージーランド、インドは2010年1月でした。

これにより、ASEANと日本のEPAを合わせて、いわゆるASEAN＋1の各FTAが完成しました。

これは、後述するアジア広域のFTA実現に向けての布石と位置づけられています。

〔3〕TPP

ＴＰＰは、シンガポール、ブルネイ、ニュージーランド、チリとの間で２００６年５月に発効したＦＴＡです。原則、10年以内にすべての品目の関税を撤廃するという内容で、非常に自由化水準の高いＦＴＡといえます。

〔4〕韓国とEUのFTA

韓国とＥＵのＦＴＡは、２０１０年10月に署名され、２０１１年７月に発効しました。韓国はＥＵに対して、コメ以外の農産物を自由化し、工業製品の規格をＥＵと統一することでＦＴＡ締結を実現させたのです。

発効後、５年以内に両者間の貿易額の98・７％に当たる品目で関税が撤廃されます。韓国からＥＵへの輸出品は日本の輸出品と競合しているものが目立つので、ＥＵによる韓国に対する関税の撤廃は、日本の輸出企業に大きな影響をおよぼすとみられています。

一方、日本はＥＵとのＥＰＡに関し、「包括的経済連携に関する基本方針」の中で「早期に交渉に入るための調整を加速する」としました。ＥＵは日本との交渉入りの条件として非関税障壁の撤廃を挙げていますが、日本がこれにどう応えるか注目されています。

◆EUによる主な対韓関税撤廃品目

即時撤廃	自動車部品（4.5%）、無線通信機器部品（2～5%）、セーター（12%）、織物（8%）、冷蔵庫（1.9%）、エアコン（2.7%）、ラジオ（9～12%）、掃除機（2.2%）、電池（3.7～4.7%）
3年で撤廃	中・大型（1500cc超）乗用車（10%）、ベアリング（8%）、タイヤ（2.5～4.5%）、合成樹脂（6.5%）、ゴムベルト（6.5%）、コピー機（6%）、電子レンジ（5%）
5年で撤廃	小型（1500cc以下）乗用車（10%）、ハイブリッド車（10%）、貨物自動車（22%）、カラーテレビ（14%）、光学機器部品（6.7%）、純毛織物（8%）

※カッコ内は現行の関税率
出所：「韓国・EU　FTAの経済効果分析」2010年10月、韓国対外経済政策研究院

〔5〕韓国と米国のＦＴＡ

韓国と米国のＦＴＡは２００７年６月に署名されましたが、両国における批准手続きはなかなか進みませんでした。

２００９年１月に、米国で共和党から民主党へ政権が代わると、米国における韓国車の輸入

自由化阻止と、韓国における米国産牛肉の市場開放などについて再交渉が行われ、両国は２０１０年12月に合意しました。

主な合意内容は３つです。

①署名時に、発効後即時撤廃することになっていた米国の乗用車関税（２・５％）は４年目まで維持し、５年目に撤廃する

②10年間で段階的に撤廃することになっていた米国のトラック関税25％は、８年間で撤廃する

③米国産牛肉については変更なく、韓国は月齢30カ月以下の骨なしのものに限り、関税40％を15年間で段階的に撤廃する

米国にとっては、韓国車輸入自由化に猶予を得るのと引き換えに、牛肉の対韓国輸出自由化はあきらめる形となりました。

今後は両国における批准手続きを経て発効することになりますが、発効すればＥＵとの貿易で韓国と競合している日本は打撃を受けることになるでしょう。

一方で、韓国は、乗用車関税８％を発効後４％に引き下げ、５年目に撤廃するなど対米関税のほとんどを撤廃します。米国に進出している日系製造業にとっては対韓輸出を増やすチャンスになるとみられています。

〔6〕ＥＣＦＡ（中国と台湾のＦＴＡ）

民主進歩党政権下の台湾は、対中経済関係の進展に抑制的でしたが、２００８年5月に国民党・馬英九政権が誕生してからは前向きになりました。

それでも中国人観光客の受け入れや直行便の開設など部分的な関係強化のみで、そのような状況下で２０１０年9月に発効された中国と台湾間のＦＴＡに相当するＥＣＦＡ（経済協力枠組み協定）は、貿易・投資を始めとして、幅広く経済関係を推進することを可能にする枠組みとして注目されています。

ＥＣＦＡにより、２０１１年1月1日よりアーリーハーベスト（関税の早期引き下げ）の対象となる８２５品目の関税引き下げが開始され、２０１３年1月までに関税が撤廃されます。８２５品目の内訳は、中国の台湾向け輸出は２６８品目（台湾の対中輸入総額の10・５％を占める）、台湾から中国向け輸出は５５７品目（中国の対台湾輸入総額の16・１％を占める）となっています。

２０１２年1月14日に行われた台湾の総統選挙では、与党・国民党の現職、馬英九総統が野党・民進党の党首、蔡英文主席と親民党の宋楚瑜主席を破り再選されました。馬英九総統は、記者会見で「対中経済関係を積極的に拡大してきた政策が有権者に支持された」ことを勝因として強調しました。今後、引き続き中国との経済関係の拡大に注力すると考えられ、モノの貿易自由化（アーリーハーベストの対象品目の拡大）にとどまらず、サービス、投資、紛争処理の3分野で新たな協定を締結し、自由貿易圏が形成される見通しです。

❹アジア広域FTA／EPAの取り組み

日本がアジア諸国とEPA締結を進め、AFTAやASEAN＋1の各FTA締結は一段落したことで、各国の関心はアジア広域のFTA／EPA実現による経済統合に移っています。

アジア広域のFTA／EPAの取り組みには、主にASEANを中心とするものとアジア太平洋地域にまたがるものがあります。

ASEANを中心とするもの

・ASEAN経済共同体
・ASEAN＋6（日本・中国・韓国・オーストラリア・ニュージーランド・インド）のEPA（CEPEA、Comprehensive Economic Partnership in East Asia)

・ASEAN＋3（日本・中国・韓国）のFTA（EAFTA、East Asia Free Trade Agreement）

アジア太平洋地域にまたがるもの

・FTAAP（Free Trade Area of Asia-Pacific　アジア太平洋自由貿易圏）と、その布石としての拡大TPP

〔1〕ASEANを中心とする取り組み

ASEAN経済共同体は、ASEAN共同体の構成要素の一つで、2003年のASEAN首脳会議で実現をめざすことが合意されました。

この経済共同体は、これまで進展してきたAFTAを核としています。目的は、ASEAN地域を競争力のある単一の市場と生産基地とし、グローバル経済への統合を進めること。具体的には、AFTAに加えて、投資やサービス貿易の自由化、ヒト（熟練労働者、専門職）の移動の促進などです。

域内におけるモノ・カネ・サービス・ヒトの移動の完全な自由化をめざしているわけではな

◆ASEAN経済共同体の全体像

1	単一の市場と生産基地	(1) 物品の自由な移動（AFTA） ①関税の撤廃 ②非関税障壁の撤廃 ③原産地規則 ④貿易の促進 ⑤税関協力 ⑥ASEANシングル・ウインドー ⑦基準認証・貿易の技術的障壁
		(2) サービスの自由な移動
		(3) 投資の自由な移動
		(4) 資本のより自由な移動
		(5) 熟練労働者の自由な移動
		(6) 優先統合分野
		(7) 食料・農業・林業
2	競争力のある経済地域	(1) 競争政策
		(2) 消費者保護
		(3) 知的財産権
		(4) インフラ開発
		(5) 税制
		(6) 電子商取引
3	公平な経済発展の地域	(1)中小企業の発展
		(2)ASEAN統合イニシアチブ
4	グローバル経済に統合された地域	(1)対外経済関係
		(2)グローバル・サプライ・ネットワークへの参加

出所："ASEAN Economic Community Blueprint" Jan.2008, ASEAN Secretariat

いため、ＥＵのような共同体が誕生するのではなく、むしろ日本のＥＰＡに似たものとなりそうです。

　ＡＳＥＡＮ共同体はほかに、地域の平和と安定を目的とするＡＳＥＡＮ政治・安全保障共同体と、貧困削減、感染症対策、芸術・スポーツ振興などで協力を行うＡＳＥＡＮ社会・文化共同体といった２つの構成要素から成り立っています。

　ＡＳＥＡＮと域外諸国とのＦＴＡ／ＥＰＡの取り組みには、ＡＳＥＡＮ＋６のＥＰＡと、ＡＳＥＡＮ　＋３のＦＴＡの２つがあり、日本は前者を、中国は後者を進めたいと考えています。

　日本がＡＳＥＡＮ＋６をめざすのは、中国は交渉相手として重い存在であり、オーストラリアやニュージーランド、インドとともに対応するほうが、協議や交渉を進めやすいと考えているようです。一方、中国は交渉参加国が少ないほうが実現性が高いと考えて、ASEAN＋3を志向しているとみられています。

このため、関係国は両FTA／EPA構想について、並行して交渉の前段階に当たる協議を行っています。

〔2〕アジア太平洋地域をまたぐ取り組み

FTAAPは、2006年のAPEC首脳会議で米国が提唱し、APECメンバー21カ国・地域の参加を想定した構想です。2010年の同首脳会議では、FTAAPを包括的な自由貿易協定とすることが決まりました。

ただし、早期に21カ国・地域のすべてが参加することは非現実的であり、将来のFTAAPの実現をめざして、拡大TPPの取り組みが進められています。

シンガポール、ブルネイ、ニュージーランド、チリの4カ国で構成されるTPPに、米国、オーストラリア、ベトナム、マレーシア、ペルーが加わった9カ国による拡大TPPの交渉が2010年3月から始まっています。

◆APEC参加国・地域

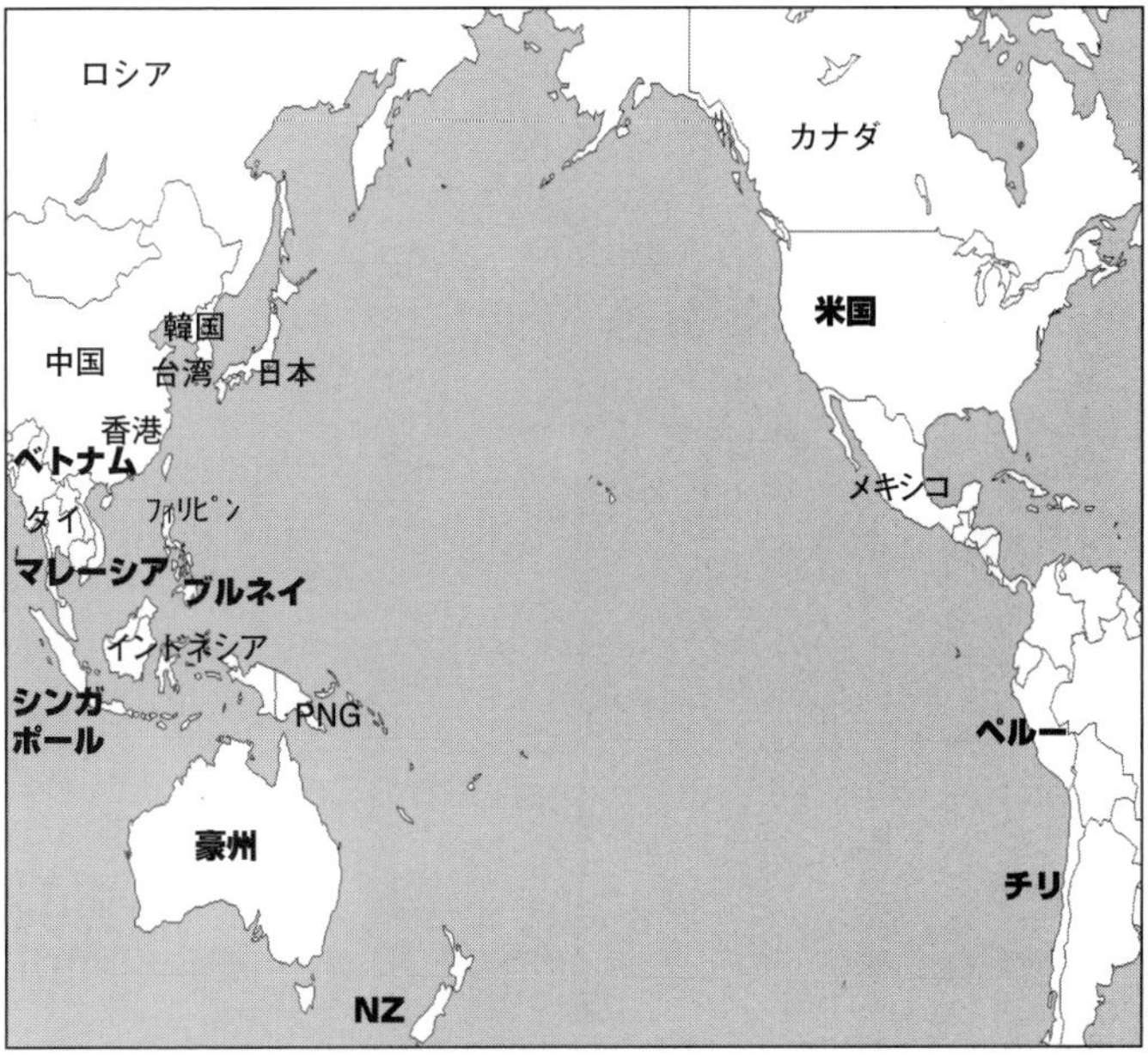

※太字は拡大TPP交渉参加国　2012年1月現在

関税の撤廃、投資やサービス貿易の自由化、知的財産権保護、横断的事項（中小企業、競争、規制関連協力）など、24の作業部会を設置し、多様な分野からなる、包括的なＦＴＡになりそうです。

拡大ＴＰＰは、「21世紀型協定」をめざし、新たなルールづくりを進めています。将来、ＡＰＥＣメンバーの国や地域の多くが参加するＦＴＡＡＰに発展すれば、ＷＴＯにおける多国間による通商制度づくりに大きな影響を与えることは明らかで、通商制度の世界モデルになる可能性もあります。

WTOドーハ・ラウンドの行方

WTO交渉における合意事項は、世界全体の自由貿易を促進する上で極めて重要です。現在の交渉は、ドーハ・ラウンドと呼ばれ（正式名称は、ドーハ開発アジェンダ）、1994年にまとまったウルグアイ・ラウンドに続くラウンドとして2002年1月に始まりました。GATTを発展的に引き継いで1995年に発足したWTOにおける、最初のラウンドとなります。

ドーハ・ラウンドでの交渉分野は、非農産品市場アクセス（NAMA）、農業、サービス貿易、貿易関連知的所有権（TRIPS）、途上国の開発問題などです。

当初、2006年中の最終合意を目指していましたが失敗。2008年7月の閣僚会合において、米国とインドとの間でセーフガード（緊急輸入制限）の発動要件に関して合意できなかったことを直接の原因として交渉は決裂しました。

その後、早期の妥結が求められましたが実現せず、交渉は頓挫しています。

交渉妥結が困難な背景としては、次の4つの点が指摘できます。

①加盟国数が多すぎること（157カ国）
②加盟国の大半（115カ国）が途上国であること
③意思決定がコンセンサスによること
④南南対立があること

打開策としては、コンセンサス方式をやめて、一部の加盟国だけでの合意を可能にすることや、シングルアンダーテイキング（交渉結果の一括受諾方式）を止め、部分的な合意を認めることなどが挙げられています。
今後ドーハ・ラウンドの行方がどうなるか注目しましょう。

7 インフラ整備
――アジア総合開発計画

アジア開発銀行は「貧困のないアジア太平洋地域にする」ことをめざしている。実現するには、鉄道や道路のほか、発電所、上下水道、通信網、港湾設備などインフラを整備し、経済格差を経済発展の源泉へと転換することが重要だ。国境をまたいだ広域開発プロジェクトが動き始めた。

この章の読みどころ

〔 巨大な資金が動く 〕

アジア開発銀行は、2020年までのアジアのインフラ需要は約８兆ドルと試算。各国の自己資金やODAだけでは足りないため、民間の資金、運営・保守技術を活用したPPP（官民連携）によるパッケージ型のインフラ輸出の取り組み強化が進められている。

〔 アジア総合開発計画 〕

ERIAとアジア開発銀行、ASEAN事務局が協力して、「アジア総合開発計画」が結実。高速道路や橋梁の建設、港湾・空港開発、工業団地整備、発電所建設、送電網整備といったインフラ開発プロジェクトだけで600案件を超え、金額も25兆円を超えるものだ。日本企業と中国・韓国企業との激しい受注合戦が予想されている。

第7章

インフラ整備
―アジア総合開発計画

経済が順調に発展していく上でインフラの整備は欠かせません。鉄道や道路のほか、発電所、上下水道、通信網、港湾設備と多岐にわたります。

アジアの発展に欠かせないインフラ整備をどのようにスピーディーに行うかが問題となります。また効率のよいインフラ整備をするためアジアの国々の連携の動きも見逃せません。

例えば鉄道や道路の整備も国境を越えて整備し、物流を促進させようというものです。日本も豊富なインフラ関連技術を持ち合わせていることから、この取り組みに積極的に支援し関わろうと活動をしています。

本章では、ＥＲＩＡ（東アジア・ＡＳＥＡＮ経済研究センター）がとりまとめた「アジア総合開発計画」を中心に、その取り組みを見ていきます。

1 巨額資金を必要とするインフラ整備

アジアが今後も経済成長を続けるためには、インフラの整備が欠かせません。アジア開発銀行（ＡＤＢ）は「ＳＥＡＭＬＥＳＳ ＡＳＩＡ」というレポートで、２０１０年から２０２０年までのアジアのインフラ需要は約８兆ドルと試算しています。その内訳は、エネルギーが４・１兆ドル、道路・航空・港湾・鉄道が２・４兆ドル、通信が１兆ドル、上下水道が０・４兆ドルです。

日本の経済産業省が主体となって２００８年に東アジアの16カ国で創設した国際研究機関に、ＥＲＩＡがあります。ここでは、アジア開発銀行、ＡＳＥＡＮ事務局と協力して「アジア総合開発計画」を作成しました。数にして７０２、総額25兆円の開発プロジェクトについて、東アジアサミットの場で提言しています。

これらのインフラや産業開発には巨額な資金を要します。各国の自己資金やＯＤＡ（政府開発援助）だけでは足りないため、第1章で触れた日本政府の新成長戦略「産業構造ビジョン２０１０」のように、民間の資金、運営・保守技術を活用したＰＰＰ（Public - Private Partnership、官民連携）によるパッケージ型のインフラ輸出の取り組み強化が進められています。

ＪＩＣＡ（国際協力機構）による投融資の再開やＮＥＸＩ（日本貿易保険）による弾力的な輸出保険運用などの改革もその一環です。

ＰＰＰによる案件の実施には、相手国の法整備も必要ですが、市場規模は大きいので、日本の技術的優位性を生かしたい分野です。

ただし、広域インフラ整備には大規模な投資を要すること、また、インフラ整備しただけでは実体経済が発展するわけではないことなどの課題が浮かび上がっています。

②「貧困のないアジア太平洋地域」めざす

「アジア総合開発計画」の以前から、アジア開発銀行（本部マニラ）はアジアの地域開発に取り組んできました。「貧困のないアジア太平洋地域」の実現を目指し、国際連合の極東経済委員会が中心となって１９６６年に設立されました。日本は米国と並び最大の出資国であり、歴代の総裁を送り込んでいます（現職の第8代総裁は黒田東彦氏）。

広域にまたがるインフラをまとめ上げた事例としては、GMS（Greater Mekong Subregion：大メコン圏）の東西回廊計画（ベトナムのダナン〜ラオス〜タイ〜ミャンマーを結ぶ道路）が挙げられます（タイ〜ミャンマー間は未完成）。

この計画は、1992年にアジア開発銀行が中心となって開始されました。メコン川流域諸国（当初はカンボジア・ラオス・ミャンマー・ベトナム・タイと中国雲南省、2005年に中国広西壮族自治区も参加）を対象とした地域開発支援プロジェクトでした。

◆ 11のフラッグシップ・プログラム

南北経済回廊開発
東西経済回廊開発
南部経済回廊開発
通信回線開発
域内電力相互接続と取引協定
域内貿易・投資促進
民間セクターの参入と競争の促進
人的資源と技能開発
戦略的環境枠組み
治水および水資源管理
観光開発

出所：ADB資料を基に作成

2001年には、今後の10カ年戦略を発表し、11のフラッグシップ・プログラムを設定。「第二東西回廊（タイのバンコク〜カンボジアのプノンペン〜ベトナムのホーチミンを結ぶ道路）などのインフラ整備による経済回廊開発が主なプロジェクトでした。

2006年12月に、15年かけて造成していた第2メコン国際橋が完成したことで、東西経済回廊が開通しました。

しかし、国境通過手続きに時間がかかるなどで、期待していたほど物流が増えていないといった問題もあります。

❸ERIAの「アジア総合開発計画」

〔1〕新たな国際研究機関、ERIA

2008年に創設された国際研究機関、ERIAは、「東アジア経済統合推進」「域内経済発展格差の是正」「持続的な成長の実現」を政策分野として、地域の課題分析、政策の立案と提言を行う新たな国際的な研究機関です。

具体的活動は次の2つです。

①各種政策研究プロジェクトを立ち上げ、その成果を東アジアサミットなどの場を活用して各国首脳・閣僚を含む政策当局者に提言し、政策の実現を促す
②途上国の政策研究能力向上を目的としたキャパシティー・ビルディング事業や、各国において随時シンポジウム・セミナーを実施する

ＥＲＩＡにおける活動の目玉の一つが「アジア広域開発構想」です。これは先行するインドの「デリー・ムンバイ間産業大動脈構想」の手法をアジア各地に展開して、アジア産業大動脈を構築しようとするものです。

その後、この構想は、アジア開発銀行、ＡＳＥＡＮ事務局とも協議して「アジア総合開発計画」として結実。２０１０年８月、東アジアサミットに参加するＡＳＥＡＮ＋６（日本、中国、韓国、オーストラリア、ニュージーランド、インド）による非公式経済閣僚会議の場で提言され、当事者間でその進展が確認されました。

〔2〕アジア広域開発構想

２００９年のＡＳＥＡＮ各国首脳は、将来的にも地域統合の中核であり続けるためには、域内国間の「コネクティビティ（連結性）」の促進が重要であると認識しており、地域内の交通網やＩＴ網などのインフラ整備を推進していく方針を示しました。「アジア広域開発構想」の基本的なコンセプトは次の３点です。

◆アジア広域開発構想

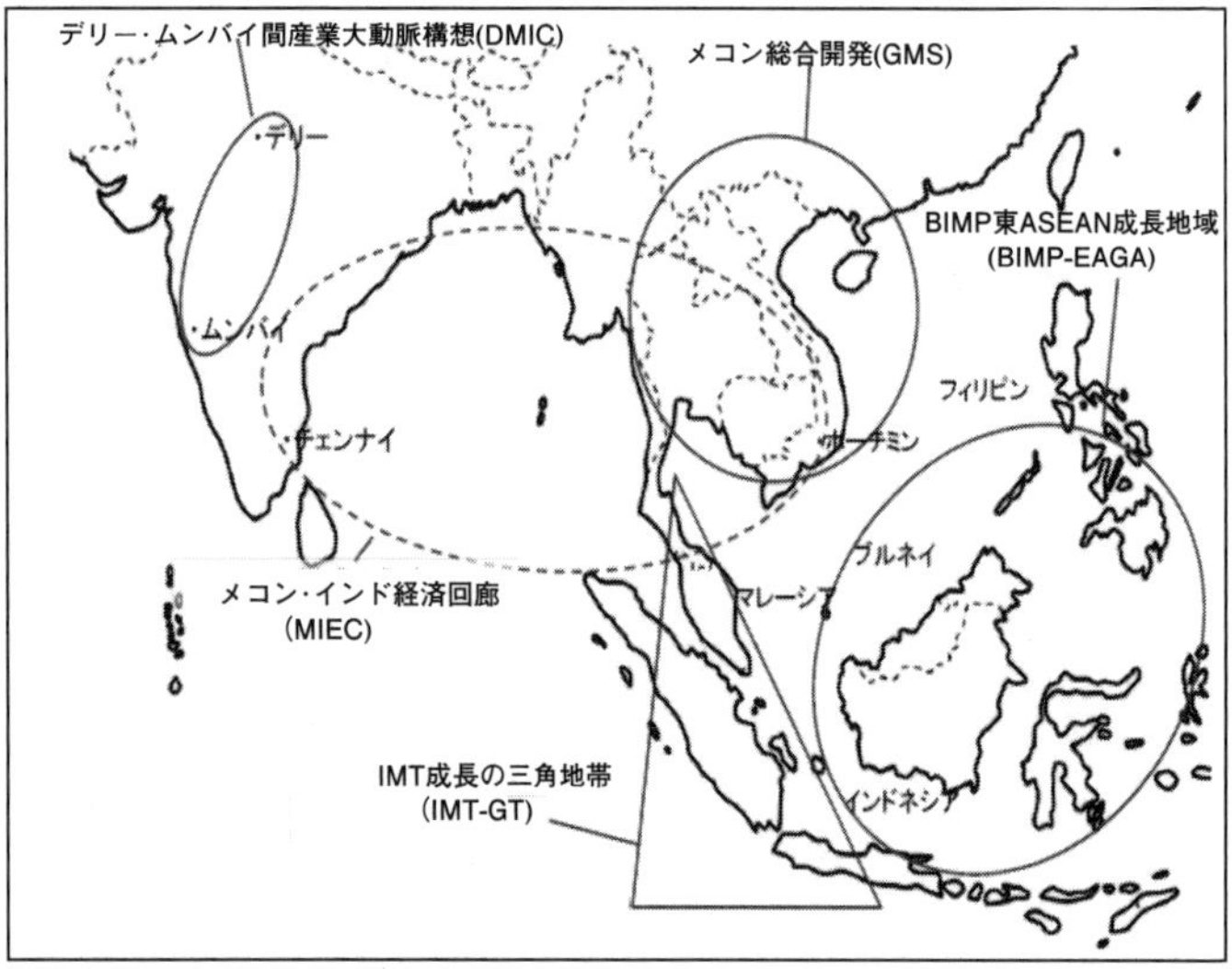

出所：経済産業省作成の資料を基に作成

①域内インフラ整備と産業振興の一体的推進
②貿易円滑化などの制度整備の推進
③民間資金を活用した新たな仕組みによるPPPのための制度構築

東アジアにおける、国境をまたいだ広域開発としては、「メコン川流域経済協力計画」が、アジア開発銀行による東西・南北・南部の3つの経済回廊を中心とした輸送インフラ整備と通関・検疫など、国境通過手続きの簡素化・共通化などで成果を挙げてきました。

一方、インドネシア、マレーシア、タイの成長三角地帯（IMT-GT）と、ブルネイ、インドネシア、マレーシア、フィリピンの東ASEAN成長地域（BIMP－EAGA）は、発足から15年以上たち、検討が重ねられてきたにもかかわらず、関係国を率いる強力なリーダーシップの不在と、経済圏を共同で開発する構想力の欠如や資金不足などによって目立った成果は挙がっていません。

「アジア広域開発構想」は、従来個別に進められてきたこれら既存の取り組みを調整しながら、相互に関連性を持たせつつも総合計画を策定し、そこに民間の参加を促そうという考えのもとで進められているのです。

ちなみに、メコン・インド経済回廊構想は、ベトナム（ホーチミン）～カンボジア（プノンペン）～タイ（バンコク）～ミャンマー（ダウェイ）～インド（チェンナイ）間の道路や鉄道、発電所といったインフラを整備し、隣接都市と国境地帯にそれぞれの立地を生かした産業開発（農産品加工、縫製業、軽工業、自動車部品、機械設備、バイオ、IT、観光、サービス産業など）をめざすものです。広域インフラ整備と産業振興を一体的に推進しています。

〔3〕アジア総合開発計画

「アジア広域開発構想」は、2009年春に、アジア開発銀行とASEAN事務局、関係各国政府が協議を重ねながら２０１０年8月に「アジア総合開発計画」として統合されました。内容的には、アジアのインフラ・産業開発の７０２の案件を地域別、優先度別、資金別（ODAとPPP）に仕分けした表からなります。高速道路や橋梁の建設、港湾・空港開発、工業団地整備、発電所建設、送電網整備といったインフラ開発プロジェクトだけで６００案件を超え、金額も25兆円を超えるものと試算され、日本企業と中国・韓国企業との激しい受注合戦が予想されています。

アジア総合開発計画などアジアの広域インフラ整備に対しては、ここ最近では問題点も浮上しています。

まず、広域の道路整備などを進行させたものの、現実に輸送する工業製品や労働力としての人間移動などが少なく、物流量がインフラ整備に伴っていません。物流の源となる産業振興が進展せず、インフラのみが整備という状態が指摘されています。また、米国発金融危機や欧州ソブリン危機などを受け、各国とも景気刺激策や財政出動を実施した結果、財政余地が予想以上に縮小し、広域インフラ整備に回す余裕がなくなっている点が挙げられるでしょう。

こうした問題点もあり、一部ではアジアの広域インフラ整備はその整備の進み具合に遅れも見え始めている点に注意したいところです。

デリー・ムンバイ間産業大動脈構想プロジェクト

デリー・ムンバイ間産業大動脈構想（DMIC　Delhi Mumbai Industrial Corridor）は、インドの首都・デリーと最大の商業都市・ムンバイ間約1500キロメートルの6州の工業団地や港湾を高速貨物専用鉄道と道路で結び付け、沿線の両側150キロメートル以内の地域でインフラを集中的に整備し、一大産業地域とするプロジェクトです。2006年12月に日本政府が提案し、インド政府との合意の下、両国が共同して推進中の案件です。

この構想の目的は、インフラを整備して投資環境を改善することにより、外資系企業の対インド投資を促進することにあります。中央政府と各州政府が支援する政府主導の構想ですが、個別のインフラ建設は民間企業が行うという、PPP方式を特徴としています。

その具体的な推進体制は次の4つあります。

①政府主導で設立されたデリー・ムンバイ産業大動脈開発公社（DMICDC、2008年1月設立）が、全体計画と個別プロジェクトの計画、資金調達、関係者・州政府間の調整、モニタリングを行う

②インド政府と日本の国際協力銀行（JBIC）が資金を拠出するプロジェクト開発基金（PDF）が、案件ごとに特定目的事業体を設立し、事業性評価を実施する

③事業性評価の結果が良好なプロジェクトは実施に必要な許認可、土地などをパッケージにした事業権を特定目的事業体に帰属させる

④競争入札で特定目的事業体を民間事業者に売却する（民間企業にとっては、実現可能性の高い事業を許認可取得にわずらわされることなく推進できるメリットがある）

以上のプロセスを踏まえてデリー・ムンバイ間産業大動脈構想は、2008年から2016年の間に、総額900億ドル、100を超えるプロジェクト数の実施を目指しています。実際には、土地の取得などによって一部難航しているプロジェクトがあるものの、2008年1月に選定された先行実施案件を中心に、徐々に構想が進行しています。

2008年10月に東京で行われた日印首脳会談で、当時の麻生首相は、シン首相に対し、貨物専用鉄道向けに約4500億円のタイド円借款（使途が決められた貸し付け）の供与を約束しました。その第1弾となる26億円の借款貸付契約が2009年10月に調印さ

れています。

2011年12月、インドを訪問した野田首相は、シン首相との会談後、「デリー・ムンバイ間産業大動脈構想（DMIC）」に今後5年間に45億ドルを投じることを表明しました。

◆ DMIC構想

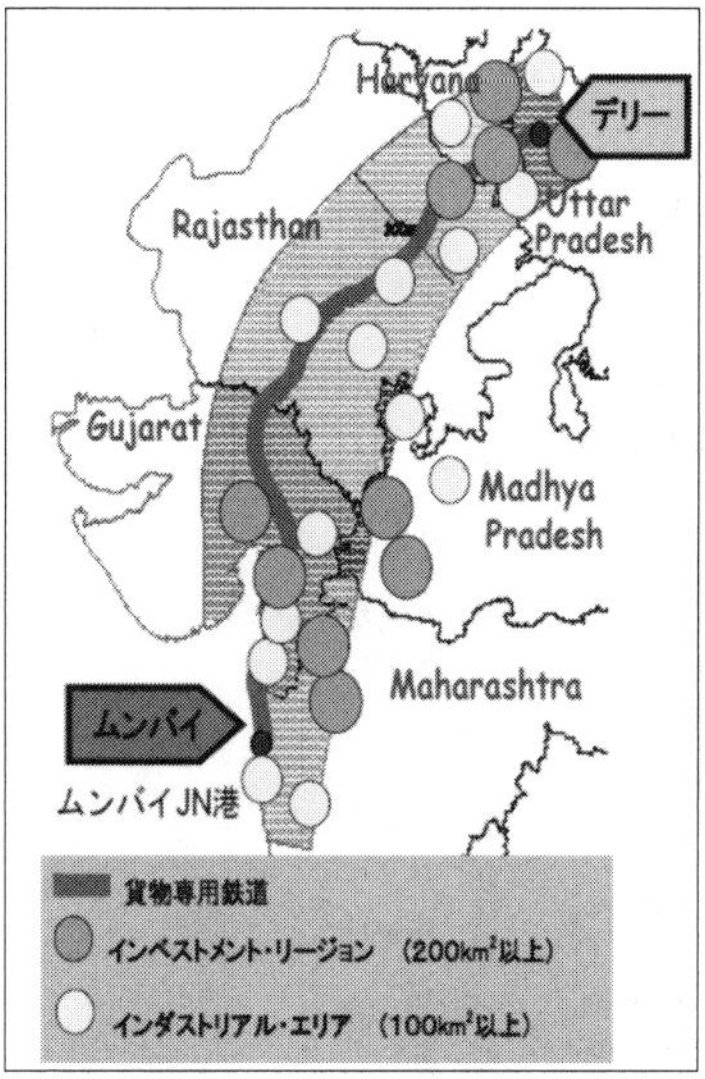

出所：経済産業省

8

アジアに広がる巨大イスラム市場

世界で16億人のイスラム教徒のうち、アジアには8・4億人が在住している。
彼らはイスラム教の教義に基づき、
金利という概念のない「イスラム金融」で取引を行う。
アジアを語るには無視することのできないイスラム市場を理解しよう。

この章の読みどころ

〔 イスラム金融とは 〕

イスラム金融とは、イスラム法（＝シャリア）に適った金融取引の総称。金利という概念を用いない点が大きな特徴で、大まかに商品取引を介在するものと損益分担方式をとるものに分かれ、実物取引による裏付けの形態をとることで金利を回避するというイスラム独自の決済方法をとっている。

〔 増えるイスラム教徒 〕

イスラム圏の人口は2025年には約20億人に達し、世界の約3人に1人がイスラム教徒になると想定されている。現在、アジアのイスラム圏の人口は約8.4億人に上り、世界のイスラム人口のおよそ半数だ。イスラム教徒が増えるほどに、イスラム金融はグローバルな金融市場において存在感を高めていく。

〔 マレーシアの存在 〕

マレーシアは、2008年に１人当たりGDPが8423ドルに達したので、高所得国入りするのはそう遠くない。マレーシアでは「ハラル」でないと企業として成り立たない。ハラルとは、イスラムの戒律に基づいて処理・製造されたモノやサービスのことで、政府が主導し「ハラル認証」を行い、税制優遇がされている。そのため味の素、ヤクルト、ネスレなどはハラル認証を取得した。アジアでビジネスをするにはイスラム教も理解しなければならない。

第8章

アジアに広がる巨大イスラム市場

イスラム市場といえば、思い浮かべるのは中東諸国という方が多いのではないでしょうか。確かに、16億人という世界人口の4分の1を占めるイスラム教の発祥地は中東です。しかし中東での人口は約4・5億人。一方、アジアには約8・4億人と、世界のイスラム人口の約半数がアジアに存在します。

イスラム教の教義に基づき、豚を食さないことや金利という概念が否定されていることなど、独特の文化を持つ市場として広がりをみせています。

例えば預金すると必ず利子が付きますが、イスラム教では将来を予測できるのは神だけだとして、初めから確実な利益を約束する金利を禁じています。そのため、常に何かの使用料や手数料といった形での支払いが発生するように金融商品（例えばスクークと呼ばれる債券）が活用され、実質的な利子を提供しています。

本章では、イスラム圏の金融センターを目指すマレーシアを中心に、イスラム市場向けに開発された商品であることを認証するハラル産業にも注目しながら、アジアを語る上で決して無視することのできないイスラム市場について述べていきます。

1 イスラム市場の高い潜在力

〔1〕潜在力の背景

イスラム教国ではなくとも、イスラム教徒を抱える国々を「イスラム圏」と呼ぶことにします。このイスラム圏は今後、中長期的に世界における存在感を高めていくことでしょう。その理由に次のようなものが挙げられます。

人口規模が大きくかつ人口増加ペースが速い

イスラム人口は、2008年時点ですでに世界の人口の約4分の1を占めています。

産油国を中心とした経済力の強さ

2002年以降、原油価格の高騰に伴ってオイルマネーが増大しました。特に、2007年から2008年にかけて相次いだ中東の政府系ファンド（SWF）による欧米金融機関に対する救済融資は、イスラム圏の資金力を世界に印象づけることになりました。

その後、原油価格の下落と世界的な金融危機の影響によってイスラム圏の経済の勢いはペースを緩めましたが、世界のエネルギー資源が中東のイスラム圏に集中しているという強みは変わりません。

イスラム金融の拡大

イスラム金融は、イスラム教の教えに基づいた独自の金融システムです。この市場が中東湾岸諸国とマレーシアの共同のもと発展し、近年では、通常の金融市場を上回る伸びをみせています。

イスラム金融は世界的な危機を招いた欧米型金融資本主義とは異なる価値観に基づくシステムであるため、グローバルな金融市場で軽視できない存在となるほどに急成長しました。

イスラム圏という共同体としての意識の高まり

国際輸送手段や情報通信・メディアの発達、教育の普及などを背景に、イスラム圏における人的、文化的、経済的な交流は深まり、イスラム圏としての結束が高まっています。国際社会の新しいプレーヤーとして、イスラム諸国会議機構（ＯＩＣ）に代表される政治的な組織は、世界経済にとって、次第に無視できない存在となるでしょう。

特に、安全保障面では、紛争やテロ対策について国際社会でイスラム圏との対話や協調が不可欠です。今後、イスラムの政治組織の重要性は増すと考えられます。

〔2〕イスラム圏の人口はアジアが中心

２００８年のイスラム圏の人口規模は推計で約16億人に達し、世界人口の約24％を占めるまでになりました。そのうち、イスラム教の発祥地である中東の人口は約４・５億人です。一方、約２・１億人ものイスラム教徒を抱えるインドネシアを筆頭とするアジアのイスラム圏の人口は約８・４億人に上り、世界のイスラム人口のおよそ半数となりました。

つまり、イスラム教徒は中東、欧米など世界各地に分布しているものの、世界のイスラム人口の中心はアジアにあるといえます。

拡大を続けるイスラム圏の人口

宗教別に人口を見ても、イスラム教徒の人口は、キリスト教徒に次いで2番目です。２００５年末時点で、世界最大の宗教のキリスト教徒は22億人、世界の宗教人口の約33％を占めます。対するイスラム教徒は13億人、世界の宗教人口の21％です。

イスラムには、家庭における子供の数は多いほうがよいという文化があることに加えて、格段に進歩した医療水準によって乳幼児死亡率が低下したことから、イスラム人口は急速に増加

◆世界のイスラム人口（2008年推定値）

	人口（100万人）	イスラム人口（100万人）	割合（%）	GDP（億ドル）
アジア				
インドネシア	239.9	211.1	88.0	4,933
パキスタン	172.8	167.6	97.0	1,712
インド	1,149.3	154.0	13.4	11,877
バングラデシュ	147.3	130.1	88.3	773
中国	1,324.7	39.7	3.0	41,998
アフガニスタン	32.7	32.7	99.9	129
マレーシア	27.7	16.7	60.4	2,147
タイ	66.1	6.6	10.0	2,724
ブルネイ	0.4	0.3	67.0	122
（中央アジア）	60.6	45.0	74.2	1,747
その他を含む計	3,771.7	836.1	22.2	
中東・北アフリカ				
トルコ	74.8	74.7	99.8	7,346
エジプト	74.9	70.4	94.0	1,672
イラン	72.2	71.5	99.0	3,122
アルジェリア	34.7	34.4	99.0	1,607
モロッコ	31.7	31.4	99.0	876
イラク	29.5	28.6	97.0	846
サウジアラビア	28.1	28.1	100.0	4,215
スーダン	39.4	27.6	70.0	595
イエメン	22.2	22.2	99.9	253
シリア	19.9	17.9	90.0	455
チュニジア	10.3	10.1	98.0	386
リビア	6.3	6.2	99.0	723
ヨルダン	5.8	5.5	94.0	194
アラブ首長国連邦	4.5	4.3	96.0	2,237
パレスチナ	4.2	4.1	98.0	62
クウェート	2.7	2.7	100.0	1,560
オマーン	2.7	2.7	99.0	485
レバノン	4.0	2.4	59.7	245
カタール	0.9	0.9	95.0	943
バーレーン	0.8	0.8	100.0	200
その他を含む計	478.2	447.7	93.6	
欧州	735.2	51.5	7.0	
アフリカ	769.7	282.3	36.7	
北米	331.7	7.3	2.2	
南米	576.9	2.4	0.4	
OIC（イスラム諸国会議機構）	1,517.1	1,240.1	81.7	43,573
その他含む世界　合計	6,694.9	1,627.6	24.3	601,720

出所：国連Musulim Populaton、EIUなど各種データより作成

（網掛け）は産油国

世界のイスラム人口のうち、約9割がスンニ派、残り1割がシーア派。
シーア派国家イランは湾岸最大の人口を持つ

◆イスラム経済圏の市場規模

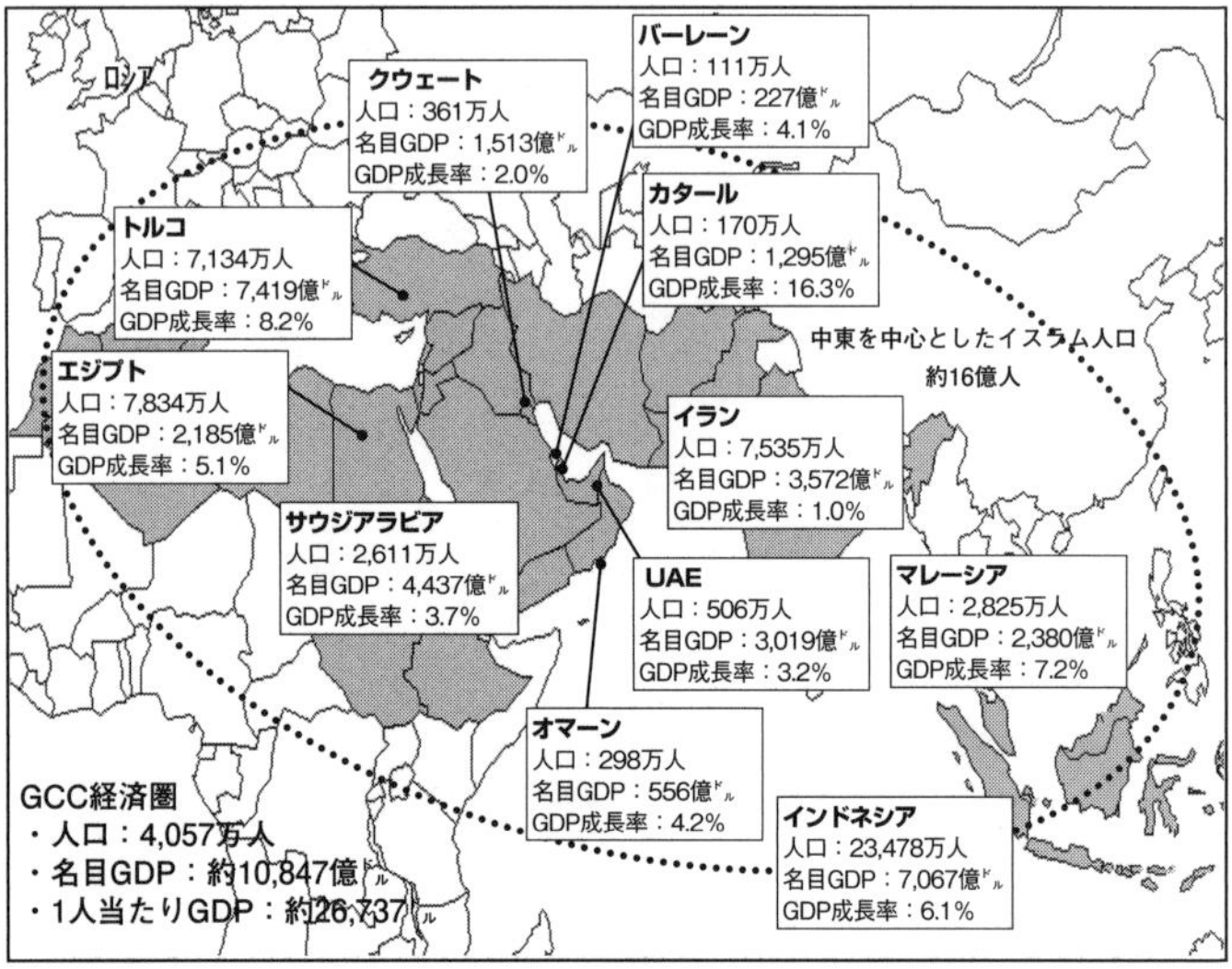

※GCC参加国：サウジアラビア、UAE、オマーン、クウェート、バーレーン、カタール
出所：各種資料より作成。数値は2010年IMF（一部推定値）

しています。

　２００６年の国連人口白書によると、世界の平均人口増加率は推計で約１・17％ですが、イスラム圏に含まれる国の人口増加率はこれを上回る、１％台後半以上の国が多いのです。

　こうした状況が今後も続けば、２０００年時点で約13億人の世界のイスラム人口は、２０２５年には約20億人に達し、世界の約３人に１人がイスラム教徒になると想定されています。

❷イスラム市場におけるマレーシアの存在

マレーシア政府は、2020年までに先進国入りするという目標を掲げ、経済開発を推進してきました。

これは、1991年に当時のマハティール首相が発表した、「Malaysian：The Way Forward（ビジョン2020）」で提唱されたものです。2008年に、1人当たりGDPが8423ドルに達したので、マレーシアが高所得国入りするのはそう遠くないでしょう。また、その過程では、マレーシア独自の試みとして、経済開発とイスラム的価値の融合が図られてきました。具体的に例を挙げると、イスラム金融とハラル産業の育成です。

その取り組みは着実に実を結んでいます。アジアにおけるイスラム・ビジネスの中心地として、また中東との経済交流の中心地として発展しています。

経済の面だけでなく人的交流も活発で、中東からマレーシアには、毎年、夏場を中心に多くの観光客が集まります。

2008年のサウジアラビア、イラン、UAEからの観光客数は前年比で20％増の17・3万人でした。その理由として、イスラム国なのでお祈りの場所や食事に困らないこと、中東よりも物価が安く適度に発展した国であることが挙げられます。

〔1〕イスラム金融先進国としての発展

イスラム金融は近年、グローバルな金融市場において存在感を高めています。アジアにおいてもマレーシアを筆頭にシンガポール、インドネシア、ブルネイ、タイ、フィリピン、香港、中国、韓国など多くの国がその育成に取り組んでいますが、マレーシアの発展は他国から突出しています。

イスラム資本市場の発展で世界をリード

イスラム金融において発行される債券のことを、「スクーク」と呼びます。イスラム教では利子の受け取りが禁止されているため、投資家は、リースや利益の配分などによって利益を確保します。

マレーシアは、２０１０年時点でスクーク発行シェアで全体の78・６％と世界最大規模を誇っており、イスラム金融先進国として位置づけられています。

マレーシアでスクーク市場が発達したのは、６つの理由が挙げられます。

①もともと社債市場が発達していたことから、スクーク市場も成長しやすい環境にあった
②政府系企業債の発行体の層が厚いため、社債を売却して購入する際の選択肢が多く、市場の流動性が高い
③巡礼基金や雇用者年金基金などによるスクーク発行ニーズが高い
④政府が政府系企業に対してスクークの発行を奨励している
⑤政府による税制優遇措置（起債コストの税控除や、印紙税の免除）
⑥イスラム債に対する根強い投資需要がある

◆ スクーク発行額とその発行上位国シェア

単位：100万ドル

国	発行額	シェア
マレーシア	37,958.68	78.6
サウジアラビア	2,087.00	4.3
インドネシア	1,862.63	3.9
パキスタン	1,037.91	2.1
UAE	750.00	1.6
その他とも計	48,282.38	100.0

出所：Islamic Finance Information Service　2010

イスラム・ファイナンス・インフォメーション・サービスによると、金融危機からの回復を反映し、２０１０年の世界のスクーク発行額は前年比50・９％増の約４８３億ドルとなりました。マレーシアにおいても、２００９年の２０３億ドルから２０１０年には約３８０億ドルと大幅に増加しています。

個人にも浸透するイスラム金融

　マレーシア銀行部門が保有するイスラム金融資産の規模は、２０１０年に前年比で14・５％増の２６７６億リンギ（１リンギ０・04円換算、約６兆７０００億円）に達しました。このうち、イスラム預金残高は同年比で15・６％増の２１８４億リンギ（約５兆５０００億円）、貸出残高は同年比で20・０％増の１６２１億リンギ（約４兆円）でした。

　イスラム銀行部門は、過去10年以上にわたって銀行市場全体の伸びを上回るペースで拡大してきました。そのため全体に占めるイスラム金融資産の割合は１９９８年の４％弱から、２０１０年には17・５％にま

◆ マレーシアのイスラム金融市場の推移

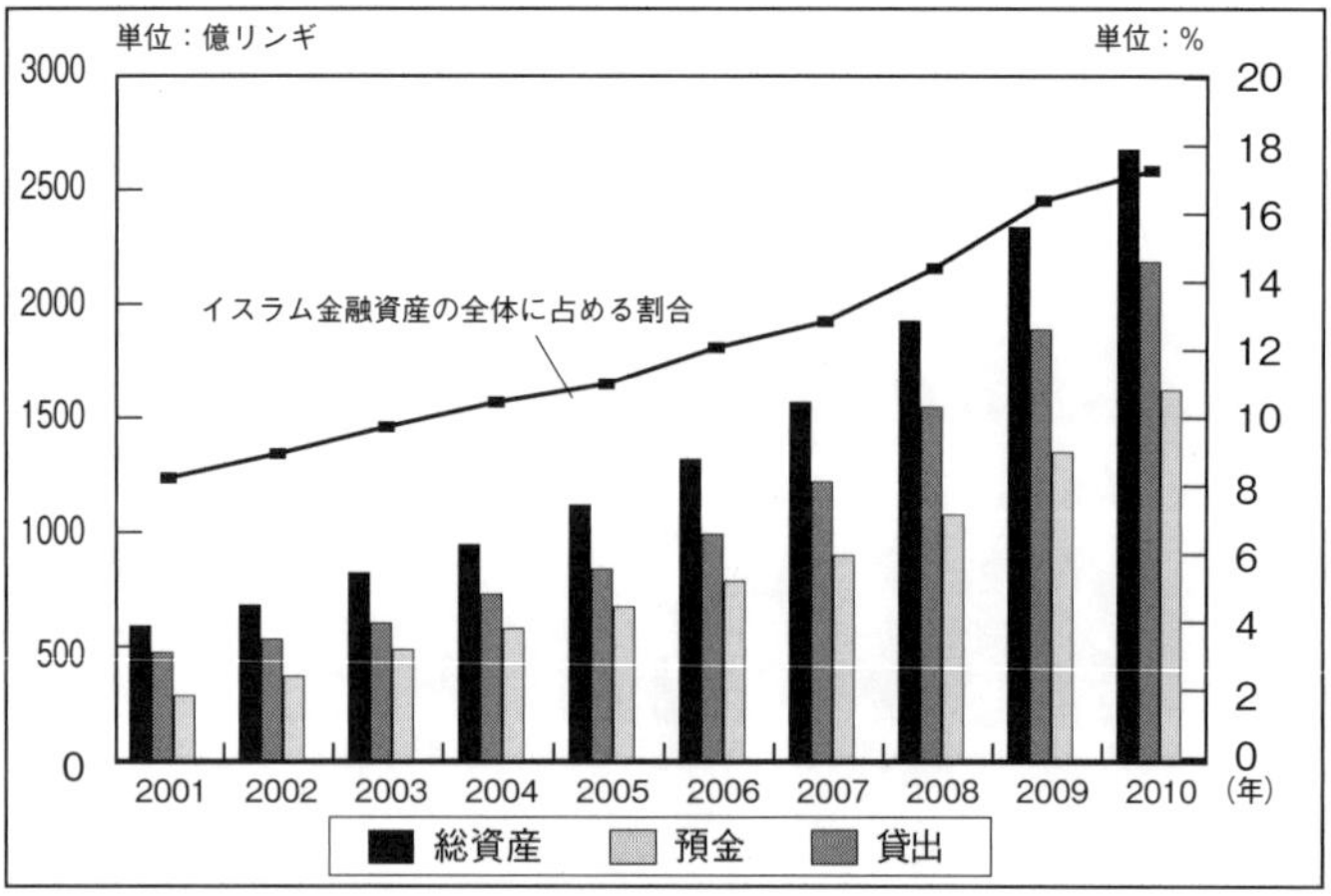

出所：マレーシア中央銀行

で拡大しました。

イスラム銀行市場が順調に成長を続けてきた背景には、ムスリム（イスラム教徒）による利用が増加したことに加え、各金融機関が顧客獲得のために実質的な高利回りの預金金利と低利の貸出金利を設定したことから、非ムスリムによる利用も増加したことが挙げられます。

三菱東京ＵＦＪ銀行によると、イスラム預金に預け入れるのは個人が31％で、事業法人が28％、金融機関が26％、政府が15％と続きます。一方、イスラム金融における貸し出しは、全体の60％以上が自動車購入、住宅購入、消費者金融などの個人消費向けであることから、マレーシアのイスラム銀行部門は個人向けを中心に発展しているといえます。

生保にも加入するマレーシアのムスリム

また、保険分野を見てみましょう。

イスラム金融における保険を、「タカフル」と呼びます。そのうち生命保険がファミリータカフル、損害保険がゼネラルタカフルです。マレーシアのタカフル市場は、ファミリータカフルのほうがゼネラルタカフルよりも市場規模が大きいのが、中東とは異なる特徴です。

生保の市場は２００５年以降に急速に拡大しました。もともと住宅団体信用生命保険が主体でしたが、ここ数年では投資型商品が大きく伸びています。

一方、損保市場は生保の3分の1強ほどの規模ではありますが、着実に増加傾向にあります。商品別では自動車保険と火災保険が主力で、近年では特に自動車保険が大きく伸びているようです。

一般的には、経済発展に伴って中間所得層や給与所得者の割合が増えると、保険加入者は急速に増加します。しかし、一般保険に比べてタカフルの普及率は低くなっています。

マレーシアでは華人（移住先の国籍を取得した中国系住人）の間に保険が浸透しており、中東地域と比べるとムスリムへの保険浸透度は高いようです。タカフルの顧客はムスリムがおおむね60％、華人が20％、インド人が10％で、依然として多くのムスリムが一般保険に加入している現状にあるため、今後のタカフル市場の成長に期待が持てます。

国際化に向けた取り組み

マレーシア政府は、２００６年8月、国際的なイスラム金融センターをめざしたイニシアチブ、ＭＩＦＣ（Malaysia International Islamic Financial Centre）を発表しました。

マレーシア政府は、ＭＩＦＣを策定する以前からイスラム金融市場の外資への開放や高等教育機関の設立、シャリア解釈の統一をめざし、イスラム専門家同士の交流を目的としたシャリア基金の設立、イスラム金融の専門家に対する長期就労許可やマルチ入国ビザの交付などによってイスラム金融市場の国際化を目的とした措置を講じてきました。ＭＩＦＣではこれらに加えて、税制上の優遇措置が強力なインセンティブとして打ち出されたのです。

イスラム金融は相手からモノを買ってそれを同じ相手に少し手数料を上乗せして販売するといった形で利子を確保するという資産に裏付けられた取引であるため、モノを買う際と売る際で二重に課税される問題が常に制約となることに着目していました。そこで、他国に先んじて二重課税の回避の措置を講じるなど、イスラム金融が通常の金融と比べて税制上不利になってしまうことがないよう環境を整えてきました。また、イスラム資本市場育成のため、スクークの起債に伴う諸経費の課税控除を認めています。

イスラム金融の今後の展望

これまで述べてきたようにマレーシアでは、世界のイスラム金融センターをめざすという政府の目標と強力なイニシアチブの下、中央銀行を中心に関係省庁・機関の十分な連携によってイスラム金融市場の育成が進められてきました。１９８０年代初めという早期から基本法の整備に着手し、イスラム金融が通常の金融に対して十分に競争力を持つように市場環境が整備されてきたのです。

税制インセンティブが付与されたことにより、通常の金融商品と比べて若干有利な条件でイスラム金融商品が提供される環境にあったことから、ムスリム、非ムスリムを問わず、また、地場企業だけでなく日系企業のオペレーションにも、イスラム金融が深く浸透しつつあるのです。

今後マレーシアは、政府が掲げるイスラム金融の国際センター化に向けて本格的な発展段階に入ります。しかし、シンガポール、香港、英国のロンドンなど、ほかの国際金融センターとの競合は、金融インフラや知名度においてまだ劣るマレーシアにとって、容易ではないことが予想されます。マレーシアでは、２００９年1月、日本の野村證券、フランスのＢＮＰパリバ、英国のアバディーンが新たにイスラム式のアセット・マネジメントの免許を取得しました。各社とも、マレーシアの資産運用拠点としての潜在性に期待を寄せています。

国際金融センターとしての発展に向けたイスラム金融の制度整備とノウハウの蓄積、イスラム教国であるというマレーシアの強みを生かしながら、急速に追い上げてきたほかの国際金融センターといかにすみ分けていけるかが正念場です。

〔2〕マレーシアのハラル産業

マレーシア政府は、２００６年に第3次工業化マスタープラン（２００６~２０２０年）を発表し、ハラル・ハブ（中核）戦略を打ち出しました。

◆ハラル食品の市場規模（2005年見込み）

	イスラム人口（100万人）	食品支出額（1人当たり、ドル）	市場規模（100万ドル）
合計	1,565.3	n.a.	547,409
アジア	1,043.7	350	365,299
西アジア	195.3	572	111,712
インドネシア	195.3	347	67,769
中国	39.2	156	6,115
マレーシア	15.4	381	5,867
タイ	5.9	371	2,189
パキスタン	157.5	n.a.	n.a.
インドネシア	154.5	n.a.	n.a.
バングラデシュ	127.3	n.a.	n.a.
その他	153.3	n.a.	n.a.
アフリカ	461.8	200	92,360
欧州	51.2	1,500	76,800
北米	6.6	1,750	11,550
南米	1.6	500	800
大洋州	0.4	1,500	600

出所：マレーシア国際貿易産業省「第3次工業化マスタープラン」

マレーシア政府の取り組み

ハラルとは、イスラムの戒律に基づいて処理・製造されたモノやサービスのことです。ハラル産業は食品、化粧品、薬品、衣類、レストラン、ホテル、金融、物流など幅広い分野にわたります。

第3次工業化マスタープランによると、2005年の世界全体のハラル市場規模は2兆1000億ドル、うちハラル食品が5470億ドルと推定されています。

世界のイスラム教徒人口は2008年の時点ですでに16億人を超えており、さらにムスリムは人口成長率が高いことを鑑みると、ハラル市場の潜在的成長性は高いといえるでしょう。

マレーシアのハラル認証の普及と世界標準化

マレーシアのハラル認証は、2008年4月、首相府イスラム開発局から、ハラル開発公社に移管されました。ハラル開発公社とは、マレーシア政府のハラル産業ハブ戦略を推進する中心機関として、2006年9月に、財務省が100%を出資して設立した団体です。その活動の主な目的はハラル認証の世界標準化を促進し、国内ハラル企業の世界市場への進出を支援することです。

活動内容は7つです。

①ハラル認証の世界標準化

②国内ハラル業界のコーディネート
③ハラル企業の能力強化
④ハラル産業の対内投資促進
⑤国内ハラル企業の世界市場への進出支援
⑥マレーシアのハラルブランドの販売促進支援
⑦ハラルおよびハラル産業の認知度向上によって、ハラル産業のワンストップ・センターとして機能

世界には、ハラル開発公社が認可した団体が23カ国に47団体ありますが、いずれもNGOや地方政府が設立したもので、国家機関はマレーシアのみです。中東地域にハラル認証団体はないため、マレーシアの認証への信頼性が高いのです。

マレーシアのハラル食品認証基準は、2004年に発表したMalaysian Standard（MS1500：2004）、物流企業向けのハラル認証は「MS1900：2005」に基づいています。

アブドラ首相は、ハラル認証の標準化を目指して設立された国際ハラル統合連盟に対して、2008年5月、3年間で1500万リンギを拠出することを表明しました。現在、ハラル認証の世界標準は存在しないため、マレーシア政府はこれによって世界標準化をリードしようと

していのです。

ハラル産業へインセンティブを付与

マレーシアでは、ハラル産業に対してインセンティブを付与しています。

まず、加工食品、化粧品、医薬品、食肉の4分野の業者に対し、新規投資の税控除や輸出所得税を免税にし、原材料輸入関税を免除しています。また、国際品質基準取得にかかる経費の二重控除などの税制優遇を付与しました。

次に、ハラル産業クラスター（集団）を全国に形成する戦略の下で、ハラル・パーク（ハラル専用工業団地）事業者にも税制優遇を付与しています。

最後に、ハラル・サプライチェーンの形成を促進するため、物流業者にも税制優遇を付与しました。

また、マレーシアでは、国内のハラルブランドの認知度向上のため、ハラル見本市の開催など、官民が連携してさまざまな販売促進活動が行われています。

ハラル認証を取得した外資系企業

外資系企業でマレーシアのハラル認証を取得している企業を表にまとめてみました。

外資系企業の中でもネスレは、マレーシアをハラル・ハブとして位置づけ、最も積極的に事業展開しています。ネスレは１９１２年にマレーシアへ進出。現在は国内に８つの製造工場と６つの販売拠点を置きます。マレーシア市場での「ミロ」の消費量は世界最大となりました。

ネスレ（マレーシア）は、１９８０年代には社内にハラル委員会を立ち上げ、１９９２年に「Halal Policy」を策定。１９９６年にハラル認証を取得しました。同社は、トレーサビリティー、食の安全という観点からもハラル認証の取得に積極的で、ハラル開発公社と、米ＩＦＡＮＣＡ（Islamic Food and Nutrition Council of America）の双方からハラル認証を受けています。現在、マレーシア国内で３００以上のハラル製品を販売しているほか、世界40カ国以上に輸出しています。スイス本社はネスレ（マレーシア）と、１９９７年にハラル食品の社内供給に関するガイ

◆マレーシアでハラル認証を取得した外国企業

企業名		主な市場
日系企業	味の素	国内および中東・アフリカ向け輸出
	ヤクルト	国内向け現地生産
	大正製薬	栄養ドリンクを今後中東向けに輸出
	ライオン	国内および中東
	日清オイリオ	国内および中東
その他	ネスレ（スイス）	国内および世界40カ国向け輸出（乳飲料、調味料、粉ミルクなど）
	ダノン（フランス）	国内および中東・アフリカ向け輸出（乳製品・ベビーフード）
	ユニリーバ（英国・オランダ）	国内（シャンプー、アイスクリーム）
	ダッチレディ（オランダ）	国内（乳製品）
	トレース・トラッカー（スウェーデン）	食品トレーサビリティーに関するシステム開発を政府より受注

出所：JETROクアラルンプール・センターへのヒアリングより

ドラインを策定しました。現在、75の工場で100以上の生産ラインがハラル認証を取得しています。

日本企業の間でも、近年ハラル認証に対する関心は高まっています。これまでハラル認証を取得するのは、中東市場に進出する少数の大手食品企業に限られていましたが、海外進出をめざす中小食品メーカーや、そのほかにも流通・サービス企業などが関心を持っています。

こうしたハラルへの関心の高まりを受け、2008年10月に、日本の農林水産省所管の財団法人食品産業センターが、マレーシア工業開発庁との共催でハラル産業開発公社らを招き「食品産業海外投資促進セミナー」を開催しました。

また、財団法人食品産業センターが、マレーシア工業開発庁と協力し、「マレーシア食品産業投資環境視察ミッション」を派遣し、政府機関や日系企業（味の素やジャスコ）、ハラル食品工場などを視察しました。

日本企業にとって、マレーシアを拠点にハラル製品を輸出するメリットは3つあります。一つめは、政府による認証が世界的に高い信頼を得ていること。例えば、タイに進出する日系企業が、マレーシアでハラル認証を取得するケースもあります。

2つめは、中東市場を攻めるに当たっての中継地点となり得ること。マレーシアは地理的に日本と中東の中間地点にあります。中東は日本にとって文化的な違いが大きく、現地企業との関わりも難しいという現状があります。しかし、中東から尊敬されるイスラム先進国で、かつ多民族国家のマレーシアを経由することで、そうした難しさが軽減されると考えているのです。

最後に、マレーシアから南西アジアを経由し中東を結ぶハラル専用定期コンテナ航路など物流企業による取り組みが進んでいることです。地場大手海運会社MISCは、2006年9月に、マレーシア~南アジア~中東を結ぶ新たな定期コンテナ航路「ハラル・エクスプレス・サービス」を開始しました。起点であるマレーシア・クラン港のハラル食品用冷蔵倉庫施設を利用しています。また、クラン港は欧州に居住するムスリムの需要に応じるため、オランダのロッテルダム港と協力しています。

マレーシアのハラル産業の課題は、自給率が25%の牛肉や、オーストラリアやニュージーランドから輸入する羊肉、自給率は高いものの、ハラル認証を取得するために中国から輸入して加工し、中東やアフリカに輸出している鶏肉など、全体的に食品原料の国内調達率が低いことと、調味料の原料サプライヤーなど、すそ野産業にまでハラル認証が浸透していないこと、敬虔なムスリムはハラルをビジネスとすることを嫌っていること、ハラルの認証偽造です。これらの整備が早急に要求されています。

イスラム金融とは

イスラム金融の基本概念

イスラム金融とは、イスラム法（シャリア）に適った金融取引の総称をいいます。

第一の特徴は、金利の概念を用いない点です。イスラム教の教典であるコーランでは利子（リバー）の受け取りが禁じられています。また、不確実性（ガラル）と投機性（マイシール）も排除されています。これには保険やオプション取引が該当しますが、実際の取引ではこの3つの要素は極力排除するものの、完全性は求められず現実的な対応がとられています。

第二の特徴は、取引が関連する事業のうち、シャリアに反するものは排除される点です。具体的には豚肉、アルコール、武器、賭博、ポルノなどに関連した事業です。イスラム金融機関には通常、シャリア学者で構成されるシャリア諮問委員会（シャリア・ボード）が設置され、各取引がシャリアに適しているか審査し、認定することになっています。

イスラム金融は利益・損失を共有する、損益分担方式の原則に基づいている上、実物取引による裏付けが必要となるのです。

イスラム金融の担い手・仕組み

◆ムラバハの基本スキーム

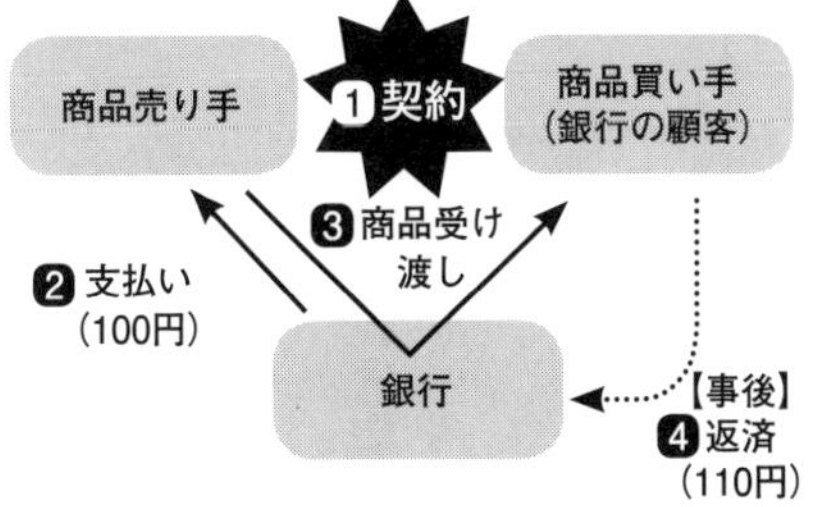

◆イジャラの基本スキーム

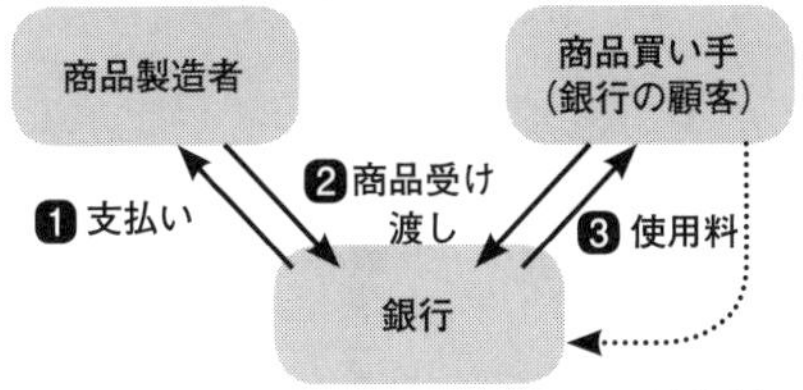

☆リース期間満了後の所有権移転を前提とすれば「イジャラ・ワ・イクティナ（リースおよび購入）」となり、割賦販売に類似した取引となる。住宅ローン等に用いられる。

イスラム金融は、イスラム教徒だけのものではなく、宗教を問わず利用できるのも特徴の一つです。預金、ローン、保険、債券、株式指数、リース、プロジェクト・ファイナンス、投資ファンドなど、通常の金融と同じようにその内容は広がっています。

イスラム金融取引は大まかにいえば、商品取引を介在するものと損益分担方式をとるものに分かれます。実物取引による裏付けの形態をとることで金利を回避します。実際の利用では、ムラバハとイジャラが大半を占めています。

現代のイスラム金融市場の特徴と留意点

21世紀のイスラム金融は、1970年代の石油ブームを背景とした中東地域での勃興といったローカルなレベルとは異なり、国境・地域を越えたクロスボーダー取引の拡大や、欧米金融機関、非イスラム国の参入などの国際化と、資本市場の発展によるホールセール化（大企業相手の営業）が最大の特徴です。

2000年以降、イスラム金融の資産残高は年率15~20%の高い伸びを見せています。2005年末時点で、推定イスラム金融資産は広義には7000億~1兆ドル（狭義には4000億~5000億ドル）で、世界の金融資産総額の1~2%です。金融危機の影響は見られるものの、通常の金融取引が萎縮する中で、代替的な金融手段として改めて注目を集めています。

利子の解釈は厳密には古くから曖昧で、シャリア学者によって異なる議論があります。

利子という名称を用いていないが、実態は利子であるという批判的見解も存在します。
また、中東の政府系ファンドはイスラム金融の担い手ですが、両者はイコールではありません。

出所：ＪＣＩＦイスラム金融研究会報告、北村歳治・吉田悦章『現代のイスラム金融』（日経ＢＰ社）などを参考に加筆

9

アジアの少子・高齢化

少子・高齢化は何も日本だけに限ったことではない。
東アジアを中心に「人口ボーナス」から、「人口オーナス」時期を迎えているのだ。
所得水準が高まってから高齢化を迎えた日本やNIEs、
所得が高まらないうちに高齢化を迎えることになる中国やASEAN4。
アジアが発展していくためには、各国の高齢者問題への取り組みに左右されよう。

この章の読みどころ

〔 アジアは高齢化社会 〕

アジアの高齢化率の上昇は顕著だ。インドを除くアジアの高齢化率（65歳以上）は、2005年の7.8%から2025年には13.8%、さらに2050年になると23.1%へと急上昇することが予想されている。一方、少子化も進み、1人の女性が子を産む人数（出生率）は日本1.3人、韓国1.1人、台湾1.1人、シンガポール1.2人と、人口減少は避けられない。

〔 各国の人口の実態 〕

日本は2050年までに4割が高齢者、中国の人口ボーナス時期はまもなく終わる、韓国は少子化が深刻、タイは所得が十分上がらないうちに人口ボーナスが終わりを迎える可能性が高い、マレーシア・インドネシア・フィリピンは高齢化社会突入の一方で人口ボーナス期も続く…。明るい材料はインドで、高齢化の波が遅いため安定した労働力が増加し、人口ボーナス期はこれから始まるところ。

〔 高齢化対策 〕

ＮＩＥｓと日本は、労働力率の引き上げや生産性の向上に向けた施策に加え、年金制度や医療制度をいかに維持・運営していくかが課題。所得が高まらないうちに高齢化を迎えることになる中国やＡＳＥＡＮ４は、事態が深刻化する前に、効果的かつ持続的な社会保障制度を構築せねば。中国は「一人っ子政策」の見直しを検討中。

第9章

アジアの少子・高齢化

人口統計やその予測という指標は、数多くある統計情報の中でも非常に精度の高い数少ない指標です。そこから導き出される現象や課題もまた、精度の高いものであるといえます。

先進国の間で少子・高齢化が問題視されています。

国連では65歳以上の人口が総人口の7％を超えると「高齢化社会」、14％を超えると「高齢社会」と定義しています。世界人口のほぼ6割を占め、多くの発展途上国を抱えるアジアも先進国と同様に少子・高齢化問題が深刻化しています。韓国、シンガポールに加え、タイ、ベトナムなどでも少子・高齢化が加速。人口増加が転換期を迎えました。今後の労働力減少などの構造変化は、経済発展に内在するリスク要因になるとして、多くの専門家が懸念を示しています。

近年「人口ボーナス」（人口構成、出生率、死亡率の変動に伴って労働力人口の増加率が人口増加率よりも高くなること）論という考え方が注目を集めています。生産年齢人口（15～64歳）が増加し、子供や高齢者に対する負担が小さく経済成長が容易な状態をいいます。反対に、生産年齢人口が急減すると同時に高齢人口が急増する事態、つまり人口が経済発展にとって重荷となった状態を「人口オーナス」と表現します。オーナスは重荷の意です。

アジアでは日本を先頭に、ＮＩＥｓ（新興工業経済地域：韓国、台湾、シンガポール、香港）、ＡＳＥＡＮ４（マレーシア、インドネシア、フィリピン、タイ）、中国などが１９６０年代半ば以後の経済成長に有利に作用する「人口ボーナス」期を背景として高度成長を遂げてきましたが、２０１０年以降になると、これらの国や地域は順次高齢化が成長の足かせとなる「人口オーナス」期を迎えるといわれています。

このうち、ＮＩＥｓの高齢化は日本と同様、経済や社会が成熟化する過程での進展ですが、今後は労働力率（15歳以上人口に占める労働力人口の比率）の引き上げや生産性向上に向けた施策のほか、安定成長下での年金、医療制度をいかに維持・運営していくかが課題です。

他方、中国とＡＳＥＡＮ４は、今後一定の経済成長率を維持できたとしても、高齢化社会を迎えた時点で1人当たりGDPを含む経済水準は先進国に比べて低水準にとどまることが予想され、年金、医療など社会保障制度の不整備もあり、大きな社会問題になりかねません。

この章では、国連、米国国勢調査局などの資料をもとに、アジア主要国の人口構造の現状と国別の特徴を概観し、最後に取り組むべき課題と対策について考えます。

1 急速に進展する少子・高齢化

〔1〕急速に高齢化するアジア

世界的に見て、アジアの高齢化率の上昇は顕著です。スピードが速く、インドを除くアジアの高齢化率は2005年の7・8％（世界の平均水準）から2025年には13・8％、さらに2050年になると23・1％へと急上昇することが予想されています。

同時に、高齢人口の世界人口に占める割合は2005年の32・1％から2030年には35・1％へと急上昇し、2030年になるとアジアの高齢人口は欧州の2・5倍になるとの予測も出ているのです。

２００５年現在、韓国をはじめとするＮＩＥｓでは、一人の女性が生涯において出産する子供の平均数を指す合計特殊出生率が、少子化が叫ばれる日本をすでに下回っています。現状維持に必要とされる２・１を人口置き換え水準といい、２・１を上回れば人口増加傾向、２・１

◆アジア大洋州主要国地域の人口推移

単位：万人

	2010年	2020年	2035年	2050年
日本	12,790	12,449	11,457	10,251
中国	133,972	142,126	145,829	1,408,846
韓国	4,977	4,922	4,737	4,233
シンガポール	508	497	523	503
香港	710	804	871	898
タイ	6,540	6,799	6,975	6,738
ベトナム	8,693	10,165	11,389	11,997
マレーシア	2,825	3,202	3,662	3,963
フィリピン	9,401	10,875	12,811	14,047
インドネシア	23,418	26,187	28,677	29,689
インド	121,000	137,920	155,418	165,827
豪州	2,178	2,342	2,608	2,804

出所：United Nations, "World Population Prospects:The 2006 Revision Population Data Base", 各国政府発表より作成

◆アジア主要国の高齢化関連指標

	高齢化社会：老年人口比率 >7%	高齢社会：老年人口比率 >14%	倍化年数
香港	1983年	2014年	31年
台湾	1993年	2018年	25年
韓国	2000年	2018年	18年
シンガポール	1999年	2016年	17年
日本	1970年	1994年	24年
中国	2002年	2026年	24年
タイ	2002年	2024年	22年
マレーシア	2020年	2043年	23年
インドネシア	2018年	2039年	21年
フィリピン	2028年	—	—

出所：United Nations, "World Population Prospects:The 2006 Revision Population Data Base" より作成

を下回れば減少するといわれています。ASEAN4や中国、インドにおいても、ここ十数年の間に少子化は加速しています。アジア主要国別の「人口ボーナス期」は、すでに終わっている日本に続き、NIEsほかタイ、中国などは2010~2015年、マレーシア、インドネシア、フィリピンの3カ国は2030年、インドは2035~2040年までと予想されています。

〔2〕各国の少子・高齢化事情

では、国別の状況を見てみましょう。

日本――2050年までに4割が高齢者になる――

日本は1980年には高齢者率8%で先進国の中で一番若い国でしたが、2005年までには20%まで上昇し、先進国内で高齢者率のトップを争うようになりました。今後もこの傾向は続き、2030年に人口の3割、2050年までに4割が高齢者の社会に突入するといわれています。

２０１１年1月1日現在、75歳以上の人口は総人口（1億２７７３万人）の11・６％（１４７９万人）を占め、以下70歳以上の人口は17・３％（２２０６万人）、65歳以上は23・４％（２９９３万人）を占め、いずれも過去最高。一方、14歳以下の人口は１６６７万人と70歳以上より少なく、少子高齢化の傾向は顕著となっている。

中国——人口ボーナスはまもなく終わりを迎える——

過去30年間の「人口ボーナス」期においては、急速な出生率の低下により社会的な若年者扶養負担を低下させ、より多くの資源を経済成長に投入することができました。しかし、２０１５年を過ぎたあたりから状況は反転し始め、２０２０年以降は社会的な高齢者扶養負担が急上昇するようです。２０１１年の高齢化率は９・１％（1億２２８８万人）で、すでに高齢化社会に移行しています。

今後も高齢化率の上昇は加速すると見込まれており、国連は、中国の高齢人口は２０２５～２０３０年に2億人、２０３５～２０４０年には3億人を超え、２０４０年までの高齢人口の増加率は、年平均３・０％を超えると予測しています。２００7年に発表された「国家人口戦略研究報告」によれば、中国の生産年齢人口（15～64歳）の規模がピークを迎えるのは２０１6年で、10億１０００万人に達する見通しです。

一部の専門家による国連人口推計に依拠した試算では、中国の若年労働人口（15～29歳）の割合は2005年の33％から2030年には26・4％に、中高年労働人口（30～54歳）は55・2％から50・5％に、高齢労働人口（55～64歳）は11・1％から23・1％に変化する見通しです。こうした急速な出生率の低下の要因として「一人っ子政策」と経済発展によるライフスタイルの変化が挙げられています。

これまでは豊富な若年労働人口に支えられた労働集約型産業によって経済発展を遂げてきた側面が強く、今後労働力の高齢化によりその優位性は大きく損なわれる可能性があります。所得が十分に上がらないうちに、人口ボーナスが終わりを迎える可能性が高いといえるでしょう。

韓国──政府が対応するも、問題は山積み──

韓国政府は、少子・高齢化の社会や経済に及ぼす深刻な影響への懸念から、近年出生抑制策を奨励策へ転換するなど対応を急いでいます。

しかしながら権威主義的職場文化、伝統的な家族観と家庭・仕事のバランスで葛藤する韓国人女性、早期定年退職制度と柔軟性を欠く中高年の労働市場、未成熟な公的年金制度など、多くの問題を抱えています。

タイ――急速な出生率の低下によって成長するも、今後は高齢化が進む――

中国と同様、タイも過去30年間の「人口ボーナス」期において、急速な出生率の低下によって若年者への社会的な扶養負担を低下させ、より多くの資源を経済成長に投入することができました。

また、豊富な若年労働人口に支えられた労働集約型産業によって経済発展を遂げてきた側面も強かったのが特徴です。しかし、2015年を過ぎたあたりから状況は反転し始め、2020年以降は高齢者への社会的な扶養負担が急上昇するとみられています。

高齢者人口は2005年から2030年まで年平均3・8％の割合で増加し、所得が十分上がらないうちに、人口ボーナスが終わりを迎える可能性が高いでしょう。その背景には、「家族計画」のほか、経済発展によるライフスタイルの変化により急速な出生率の低下があったといわれています。

マレーシア・インドネシア・フィリピン
――高齢化社会突入の一方で、人口ボーナス期も続く――

3カ国とも2005年現在ではスピードの違いはあるものの、高齢化が進展しています。マレーシアとインドネシアは2020年ごろに高齢化社会に仲間入りすると見られていますが、3カ国の出生率は依然として「人口置き換え水準」である2・1を上回っており、人口ボーナス期も2030～2040年代まで続く見通しです。

◆アジアの合計特殊出生率と高齢化率

	合計特殊出生率		高齢化率(%)	
	1990	2005	2005	2025
日本	1.5	1.3	19.7	29.1
NIEs				
韓国	1.6	1.1	9.4	19.6
台湾	1.7	1.1	9.6	19.6
香港	1.3	1.0	12.0	21.5
シンガポール	1.9	1.2	8.5	22.3
ASEAN				
タイ	2.2	1.9	7.1	13.3
マレーシア	3.8	2.7	4.6	8.9
インドネシア	3.1	2.3	5.5	8.6
フィリピン	4.3	3.2	3.9	6.8
ベトナム	3.6	1.8	7.4	8.4
南アジア				
インド	3.8	2.8	5.3	8.1
世界平均	3.1	2.6	7.4	10.5

※大泉啓一郎『老いてゆくアジア』(中央公論新社、2007年)より引用
出典：World Development Indicators、国連人口推計、Taiwan Statistical Book

南アジア

――高齢化の波遅く、安定した労働力を確保――

インドの人口ボーナス期はこれから始まるところで、高齢化の波が遅いため、緩やかにやってくるものと予測されています。２０３０年に８％、今世紀半ばまでに12％に達し、２０１５年以降に労働力減に入る中国と対照的にインドは安定した労働力増加を続けるでしょう。

◆アジア主要国・地域別の人口ボーナス期間

国・地域	人口ボーナスの期間（年）		1人当たりGDP
	始点	終点	2010年（ドル）
日本	1930-35	1990-95	42,431
シンガポール	1965-65	2010-15	43,867
香港	1965-65	2010-15	31,591
韓国	1965-70	2010-15	20,519
台湾	1960-65	2010-15	18,458
中国	1965-70	2010-15	4,282
タイ	1965-70	2010-15	4,621
ベトナム	1970-75	2015-20	1,203
マレーシア	1965-70	2030-35	8,423
インドネシア	1970-75	2020-25	2,977
フィリピン	1960-65	2040-45	2,008
インド	1965-70	2035-40	1,075

出所：UN,World Population Prospects,The 2008 Revision
IMF、台湾統計局

2 アジア各国の高齢化対策

地域経済の安定と繁栄は、各国の高齢者問題への取り組み方に左右されます。各国の高齢化の特徴が異なり対応もさまざまであることから、所得水準が高まってから高齢化を迎えた日本やＮＩＥｓと所得が高まらないうちに高齢化を迎えることになる中国やＡＳＥＡＮ４などは区分して考えてみましょう。

〔1〕ＮＩＥｓと日本

ＮＩＥｓの高齢化は日本と同様、経済・社会が成熟化する過程で進展してきたといえますが、労働力率の引き上げや生産性の向上に向けた施策に加え、安定成長下で年金制度や医療制度をいかに維持・運営していくかが課題となるでしょう。

〔2〕中国とASEAN4

国連人口推計は、高齢者を65〜79歳の就業が可能でかつ社会活動に参加できるとされる前期高齢者数と80歳以上の後期高齢者に分けると、中国の前期高齢者数は2000年の2712万人から2010年の4088万人へ、2030年には8999万人に急増すると予測しています。

そのため、効果的かつ持続的な社会保障制度の構築によって、事態が深刻化する前に、人口高齢化による負担を人口ボーナス期から準備する必要があります。

現在、中国では少子・高齢化の対策として、「一人っ子政策」の見直しを検討しているほか、企業の従業員の現行法定定年を、男性60歳、女性50歳から延長することが検討されています。

タイでは、中国同様所得水準が低いこと、新たに社会保障の対象に取り込む農業従事者や自営業者の数が多いこと、そして今後高齢化が確実に進むことなどの制約要因があり、社会保障制度の整備とともに若年者に対する教育による生産性の向上が急務とされています。

マレーシア、インドネシア、フィリピンの3カ国が現時点で取り組むべき高齢化対策は、現状の人口ボーナスの恩恵を最大限に享受すべく、職業訓練や教育を通じた人的資源の質の向上や投資環境整備を進めて成長力を高めていくことです。総人口に対する若年成人人口の割合は3カ国とも比較的高いため、若い世代が本格的に労働力として稼働することで経済成長が促進される可能性が高いのです。

今後アジア域内においては、国ごとの対応に加え、特殊技能を持つ労働力の国家間移動、生産性向上のための人材育成、職業訓練などを行う国境を越えた取り組みがますます重要となります。また、アジア規模の老人医療、介護、福祉ネットワークの構築も必要となるでしょう。

3 アジア・大洋州主要国・地域の人口ピラミッド

人口ピラミッドは、男女別に年齢ごとの人口を表したグラフのことです。近代化による人口の自然増加の形態（人口転換）の第1局面は出生率が高く死亡率も高い局面で、第2局面は生活水準や医療技術の向上などにより死亡率が低下し年少人口が多くなる「富士山型」ピラミッド、そして第3の局面は経済成長などにより出生率が低下し子どもよりも若年層の人口が多い、すその狭い「つりがね型」ピラミッドとなります。

次頁にはアジア主要国の人口ピラミッドをまとめてみましたので参考としてください。

２０１０年現在の各国の人口ピラミッドの現状から見ると、インドとフィリピン、マレーシアは「富士山型」ピラミッドとなっていますが、中国やベトナム、タイなどの国は「つりがね型」ピラミッドとなっています。

前者に関しては、今後も引き続き「人口ボーナス」の恩恵を受けながら経済成長に必要な労働力が提供され続けるものと考えられます。

一方、後者に関しては、現状では「人口ボーナス」の恩恵を享受しているものの、今後、出生率の低下による生産年齢人口の減少と高齢化が避けられないと見られています。それに伴い経済成長が停滞し、豊かさを十分達成できていない段階で「人口オーナス」に入っていく可能性が高いでしょう。このためこれらの国々にとっては今後、生産性の向上と年金や医療など社会保障制度の整備を進め、高齢化に備えることが課題となるでしょう。

各国の人口ピラミッド

単位：100万人

日本／2010

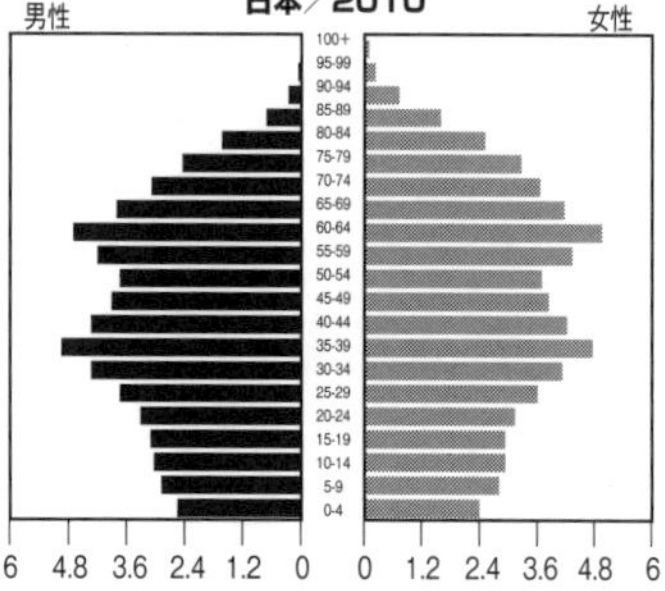

単位：100万人

中国／2010

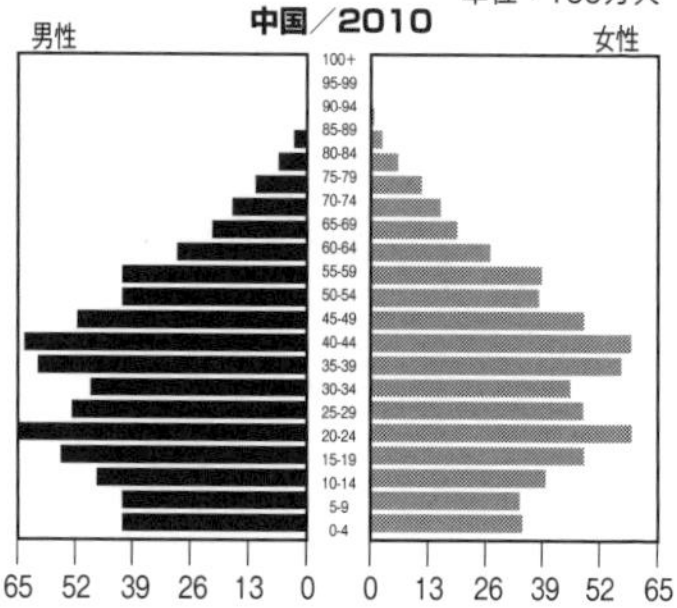

単位：100万人

韓国／2010

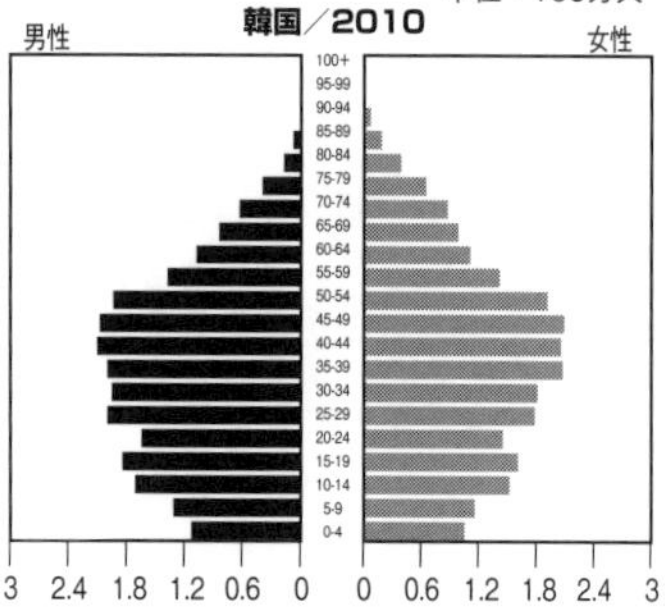

単位：100万人

台湾／2010

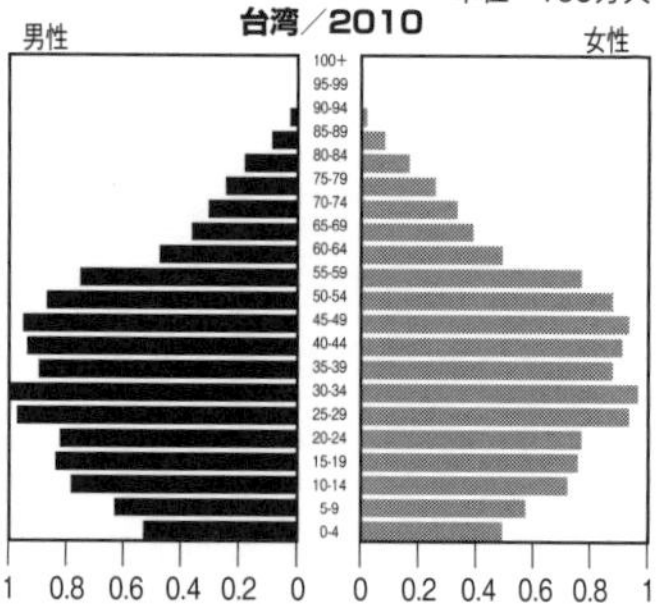

単位：1000人

シンガポール／2010

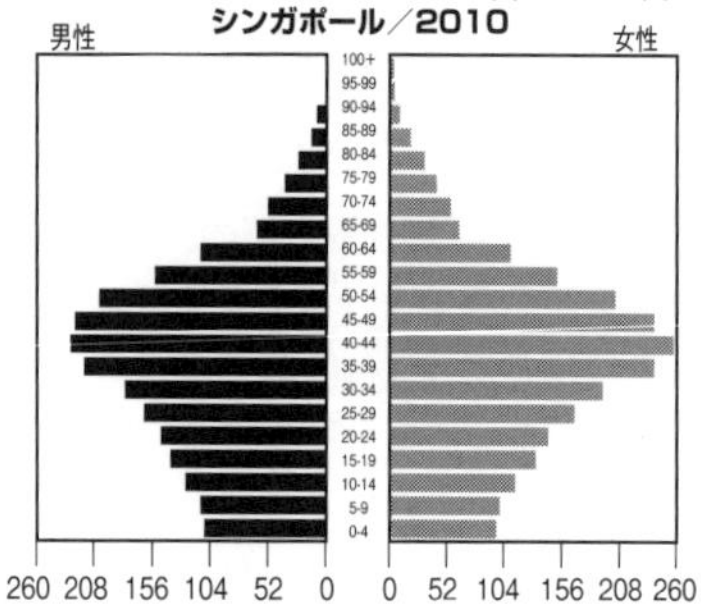

単位：100万人

タイ／2010

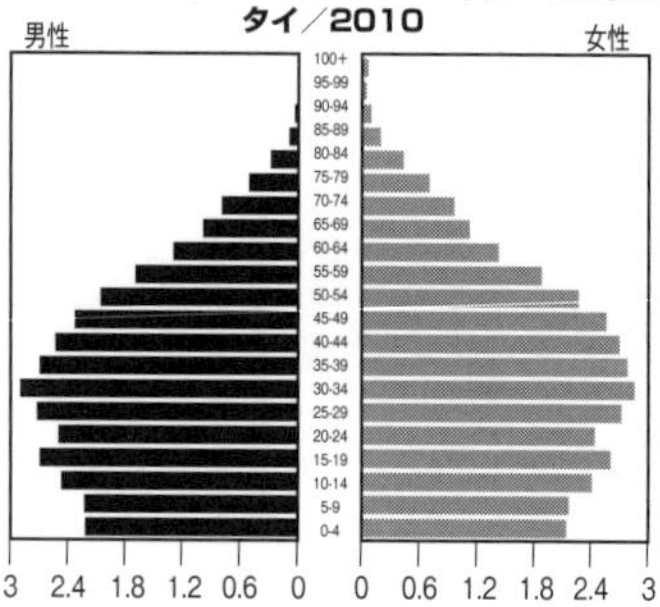

各国の人口ピラミッド

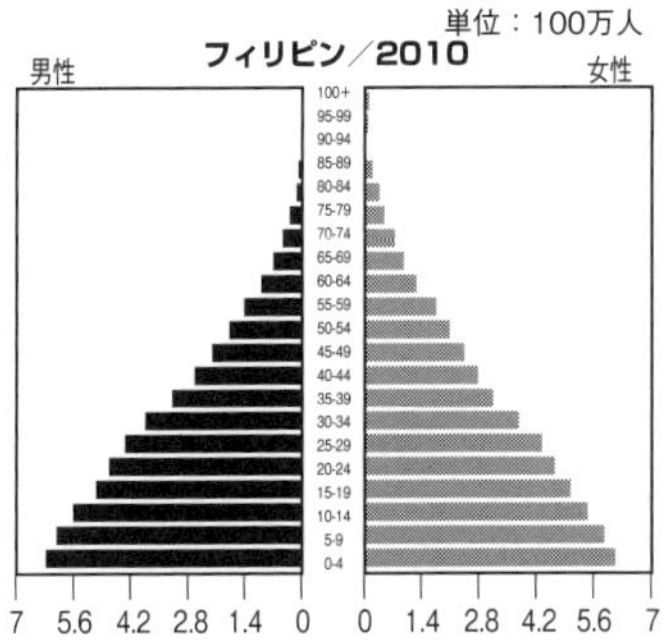
単位：100万人
フィリピン／2010
男性
女性
100+ 95-99 90-94 85-89 80-84 75-79 70-74 65-69 60-64 55-59 50-54 45-49 40-44 35-39 30-34 25-29 20-24 15-19 10-14 5-9 0-4
7 5.6 4.2 2.8 1.4 0
0 1.4 2.8 4.2 5.6 7

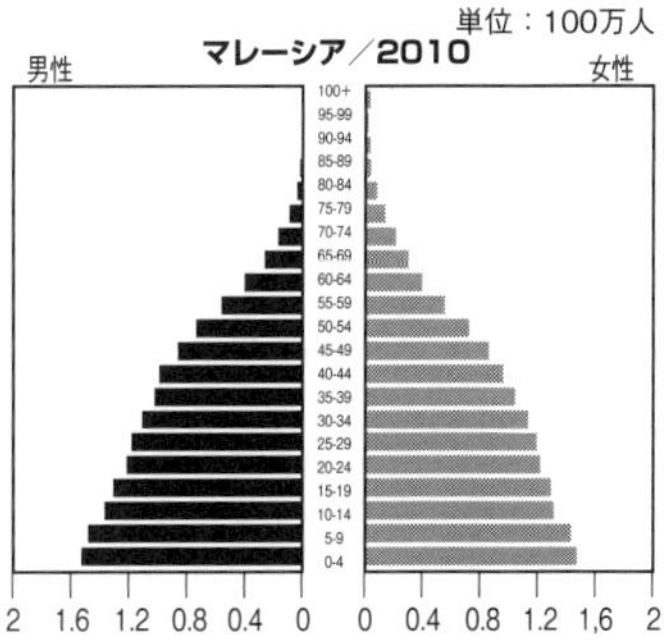
単位：100万人
マレーシア／2010
男性
女性
100+ 95-99 90-94 85-89 80-84 75-79 70-74 65-69 60-64 55-59 50-54 45-49 40-44 35-39 30-34 25-29 20-24 15-19 10-14 5-9 0-4
2 1.6 1.2 0.8 0.4 0
0 0.4 0.8 1.2 1,6 2

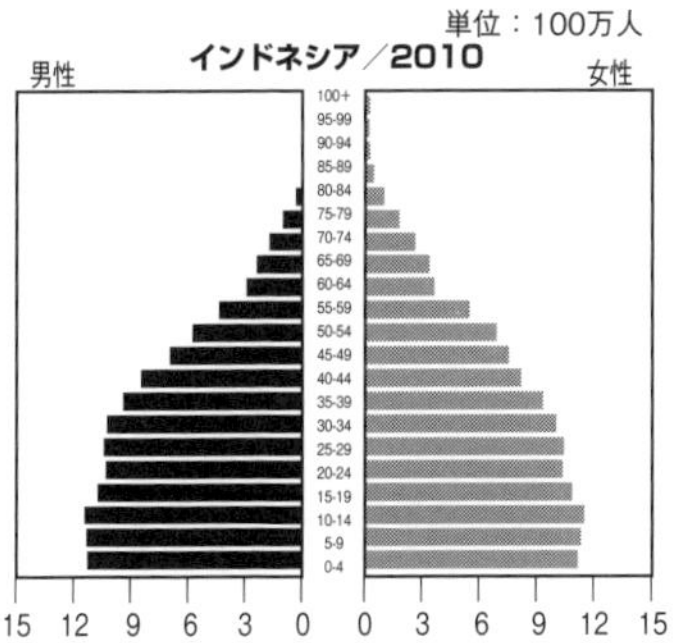
単位：100万人
インドネシア／2010
男性
女性
100+ 95-99 90-94 85-89 80-84 75-79 70-74 65-69 60-64 55-59 50-54 45-49 40-44 35-39 30-34 25-29 20-24 15-19 10-14 5-9 0-4
15 12 9 6 3 0
0 3 6 9 12 15

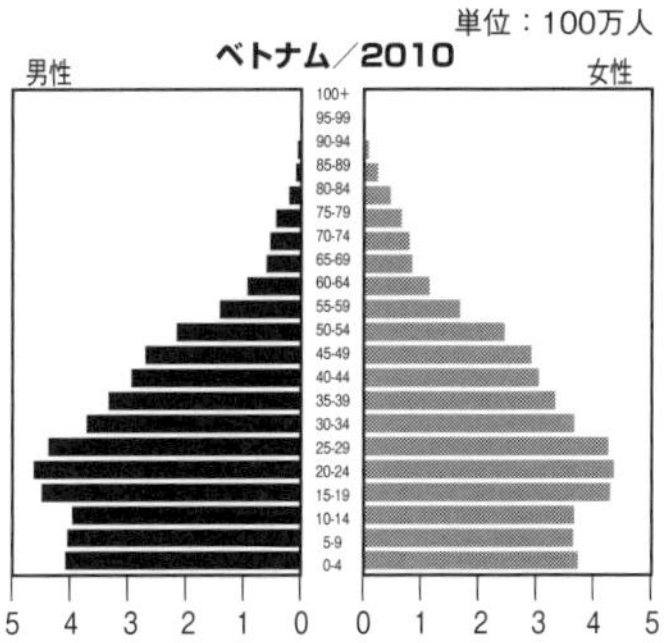
単位：100万人
ベトナム／2010
男性
女性
100+ 95-99 90-94 85-89 80-84 75-79 70-74 65-69 60-64 55-59 50-54 45-49 40-44 35-39 30-34 25-29 20-24 15-19 10-14 5-9 0-4
5 4 3 2 1 0
0 1 2 3 4 5

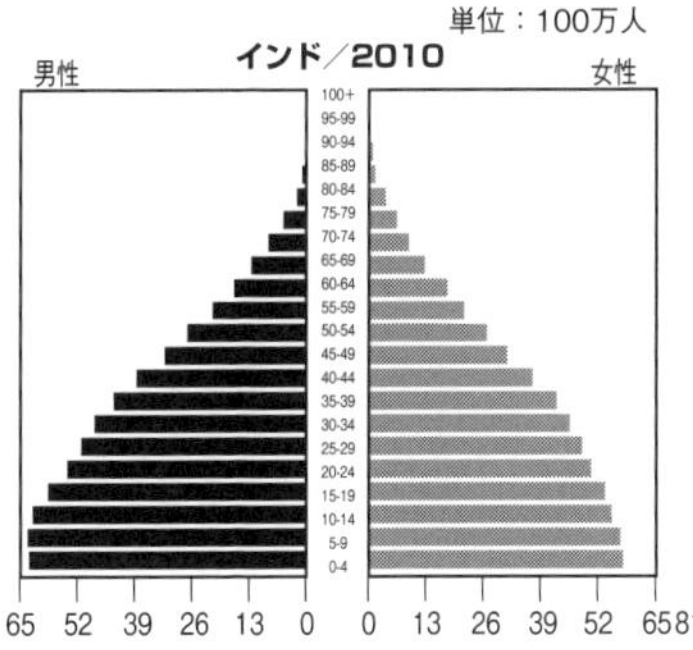
単位：100万人
インド／2010
男性
女性
100+ 95-99 90-94 85-89 80-84 75-79 70-74 65-69 60-64 55-59 50-54 45-49 40-44 35-39 30-34 25-29 20-24 15-19 10-14 5-9 0-4
65 52 39 26 13 0
0 13 26 39 52 65

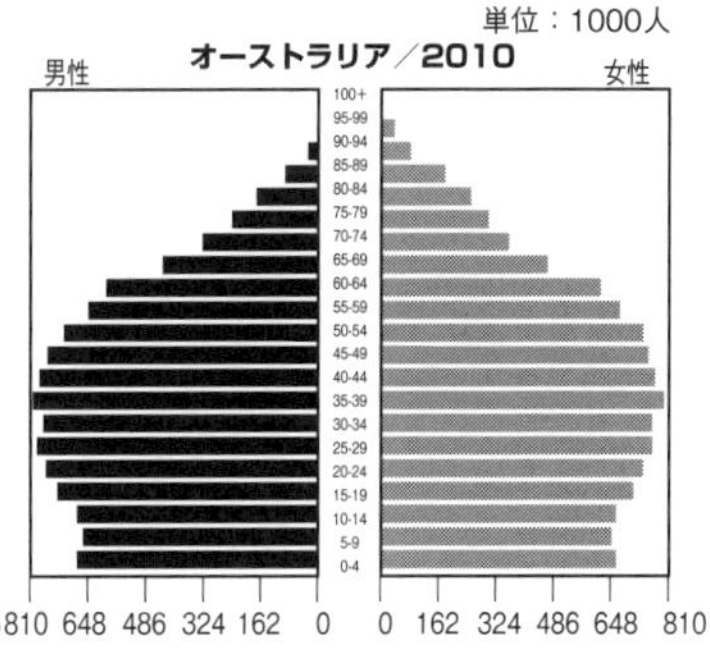
単位：1000人
オーストラリア／2010
男性
女性
100+ 95-99 90-94 85-89 80-84 75-79 70-74 65-69 60-64 55-59 50-54 45-49 40-44 35-39 30-34 25-29 20-24 15-19 10-14 5-9 0-4
810 648 486 324 162 0
0 162 324 486 648 810

あとがきに代えて

ここまで9章にわたり、アジア経済をレポートしてきました。アジアは多様性に溢れており、一つのまとまりとして論じることはなかなか難しいのですが、アジアを見る際の共通の「視点」として本書をご活用いただけましたら幸いです。

さて、直近の動きとして、２０１１年11月に開催されたアジア関連の２つの国際会議で、２つの注目すべき発言がありました。

ハワイで開催されたＡＰＥＣ（アジア太平洋経済協力）において、日本の野田首相は、「アジア太平洋地域の成長力を取り入れていくことを念頭に」と前置きしてから、「ＴＰＰ交渉参加の協議を関係国と開始する」と発表しました。

また、インドネシアでのＥＡＳ（東アジア首脳会議）に初めて参加した米国のオバマ大統領は、「外交の重点をアジアに回帰する」旨の発言をしました。

これは、日米のトップが、折りしも同時期に、「アジア経済の成長にわが国も乗りたい」旨を公式レベルで発表したようなもので、今アジアに対する注目があらためて高まっている様子がうかがえます。

一方、長期展望に視点を移してみますと、内閣府は「世界経済の潮流２０１０」の中で、世界ＧＤＰの８・３％を占める中国のシェアが２０３０年には23・９％に拡大するとの試算を示しました。米国は24・９％から17％、少子・高齢化で労働力不足が深刻な日本は８・８％から５・８％に低下、このとき中国は米国を抜いて世界一の座を占めていると予測しています。

その時期が早まるか少し遅くなるかは誰にもわかりませんが、いずれにしても、近未来に中国がアメリカのＧＤＰを抜く可能性は高く、それを踏まえてアジア各国との経済関係をさらに強化していくことはますます重要となるでしょう。

肌感覚でアジアの勢いを感じていても、その成長をどうビジネスに取り入れたらよいか悩む企業やビジネスマンも多いかと思われます。就職活動中の学生にとっても、いまや内需産業がアジアへ進出していく時代です。アジアは企業選びに重要なキーワードになっているはずです。

「世界の工場」から「世界の市場」に生まれ変わりつつあるアジア。本書でアジアの大枠をつかんでいただき、自分なりの「アジア観」を形成していただければ幸いです。

三井物産戦略研究所

三井物産戦略研究所
(みついぶっさんせんりゃくけんきゅうしょ)

1991年設立（1999年に現在の商号に変更）。内外の知的情報ネットワークと連携し、世界各国・地域の政治、経済、産業、技術などに関する情報を収集・分析し、顧客およびパートナー企業・機関の事業展開に有用な調査・研究レポートを提供。先端技術や時代潮流に基づく予見、顧客およびパートナー企業・機関の持つ技術や経営資源、顧客基盤を活用した新たなビジネスモデルの開発と事業支援などのほか、各種連携のコーディネート事業やコンサルティング事業も行っている。

英文名：Mitsui Global Strategic Studies Institute

URL：http://mitsui.mgssi.com

＜執筆協力＞

杉山秀雄、平塚眞二、藤森浩樹、島戸治江

股野信哉、鈴木雄介、新谷大輔、巴特尓

＜表紙写真＞

万博後の経済発展をめざす上海の浦東新区

写真提供：共同通信社

『アジアをみる眼《め》』

三井物産戦略研《みついぶっさんせんりゃくけん》が読《よ》み解《と》く経済《けいざい》の行方《ゆくえ》

発行日	2012年3月14日　第1刷発行
編者	三井物産戦略研究所　国際情報部アジア室
編集企画	清水孝
編集協力	鷲田真一　坂本君子
デザイン	金谷理恵子
発行人	田辺義雅
発行所	株式会社共同通信社（K.K.Kyodo News） 〒105-7208　東京都港区東新橋1-7-1 汐留メディアタワー 電話（03）6252-6021
印刷所	共同印刷株式会社

乱丁・落丁本は送料小社負担でお取り換えいたします。

ISBN978-4-7641-0643-7　C0030

※定価はカバーに表示してあります。